« To be or not to be »

Si Shakespeare revenait après quatre siècles, comment réagirait-il devant ses multiples bustes qui jalonnent les halls des bibliothèques, des universités, des théâtres ? Que trouverait-il à répondre aux professeurs et critiques qui fouillent son œuvre jusqu'à la graine ? Et si, par un jeu facétieux du Destin, il se trouvait soudain nez à nez avec Hamlet, Lady Macbeth, la Mégère, Falstaff, Shylock, Juliette et sa Nounou, le Roi Lear ? Quel langage leur tiendrait-il ? Serait-il déçu de ses personnages ?

Posons la question autrement. Imaginons plutôt que la parole est à ceux-là, les êtres sortis de lui, ses créatures. Juliette en veut-elle à son auteur de l'avoir fait mourir à quinze ans ? et Hamlet, de l'avoir affublé d'un hamletisme trop lourd pour ses épaules ?

Et nous, sommes-nous contents d'être en vie ? d'être, tout court, alors que d'autres auraient pu naître à notre place et nous abandonner au néant ? Les questions que nous posons à notre Créateur, les personnages les posent à leur dramaturge. C'est ainsi que l'un des plus grands auteurs de tous les temps, William Shakespeare, pourrait se voir obligé, à l'instar de Dieu, de répondre aux craintes, plaintes et récriminations de ses propres créatures... des créatures incomplètes, inachevées, condamnées comme vous et moi à un destin trop petit pour elles.

Nous sommes tous des Hamlet, des Mégère, des Juliette, à nos heures, des Lady Macbeth et des Shylock, un peu Falstaff, et un jour, si nous nous rendons jusque-là, un vieux Roi Lear qui refuse de mourir. *William S* a fait le pari de nous mettre nous-mêmes en scène, car...

Ce monde est un théâtre où nous jouons tous un rôle.

Antonine Maillet

Antonine Maillet est née à Bouctouche, au cœur de l'Acadie, dans le Nouveau-Brunswick. Après des études en arts et lettres aux universités de Moncton et de Montréal, elle obtient le grade de docteur ès lettres de l'Université Laval avec une thèse sur *Rabelais et les traditions populaires en Acadie.*

Publications

Pointe-aux-Coques (Fides, 1958 ; Leméac, 1972), roman.

On a mangé la dune (Beauchemin, 1962 ; Leméac, 1977), roman.

Les Crasseux (Holt & Rhinehart, 1968 ; Leméac, 1973 et nouvelle version, 1974), théâtre.

La Sagouine (Leméac, 1971-1980), théâtre.

Rabelais et les traditions populaires en Acadie (Presses de l'Université Laval, 1961), thèse de doctorat.

Don l'Orignal (Leméac, 1962), roman.

Par-derrière chez mon père (Leméac, 1962 et 1987, collection «Poche-Québec»), contes.

L'Acadie pour quasiment rien (Leméac, 1973), guide touristique et humoristique.

Mariaagélas (Leméac, 1973 ; Grasset, 1975), roman.
Gapi et Sullivan (Leméac, 1973), théâtre.
Emmanuel à Joseph à Dâvit (Leméac, 1975), roman.
Évangéline Deusse (Leméac, 1975), théâtre.
Gapi (Leméac, 1976), théâtre.
Les Cordes-de-bois (Leméac, 1977 ; Grasset, 1977), roman.
Le Bourgeois gentleman (Leméac, 1978), théâtre.
Pélagie-la-Charrette (Leméac, 1979 ; Grasset, 1979), roman.
La Contrebandière (Leméac, 1981), théâtre.
Christophe Cartier de la Noisette, dit Nounours (Hachette, 1981 ; Leméac, 1981), conte pour enfants.
Cent ans dans les bois (Leméac, 1981), roman.
La Gribouille (Grasset, 1982), roman.
Les drolatiques, horrifiques et épouvantables aventures de Panurge, ami de Pantagruel (Leméac, 1983), théâtre.
Crache-à-Pic (Grasset, 1984 ; Leméac, 1984), roman.
Le Huitième jour (Leméac, 1986 ; Grasset, 1987), roman.
Garrochés en paradis (Leméac, 1986), théâtre.
Margot la Folle (Leméac, 1987), théâtre.
Richard III (Leméac, 1989), de William Shakeapeare, traduction et adaptation.
L'Oursiade (Leméac, 1990 ; Grasset, 1991), roman.

Traductions en anglais

The Tale of Don l'Orignal, par Barbara Goddard (Clark & Irwin, 1978).
La Sagouine, par Luis de Céspedes (Simon & Pierre, 1979).
Pélagie — The Return to a Homeland, par Philip Stratford

(Doubleday, New York et Toronto, 1982, John Calder Publishers et General Paperbacks, 1983).

Christopher Cartier of Hazelnut Also Known as Bear, par Wayne Grady (Methuen, 1984).

The Devil is Loose, par Philip Stratford (Lester & Orpen Dennys, 1986).

Mariaagelas, par Ben Z. Shek (Simon & Pierre, 1986).

On the Eighth Day, par Wayne Grady (Lester & Orpen Dennys, 1989).

Traductions en langues étrangères

Pélagie-la-Charrette (en langues slovaque, bulgare et roumaine).

Prix

Prix Champlain 1960, *Pointe-aux-Coques*.

Prix de la meilleure pièce canadienne présentée au Festival de théâtre 1958, *Poire-Âcre,* inédite.

Prix du Conseil des arts 1960, *Les jeux d'enfants sont faits,* théâtre, inédite.

Prix du Gouverneur général 1972, *Don l'Orignal.*

Grand Prix de la Ville de Montréal 1973, *Mariaagélas.*

Prix des Volcans (France) 1975, *Mariaagélas.*

Prix France Canada 1975, *Mariaagélas.*

Prix littéraire de la Presse 1976.

Prix des Quatre Jurys 1978, *Les Cordes-de-bois.*

Prix Goncourt 1979, *Pélagie-la-Charrette.*

The Chalmers Canadian Plays Awards, Toronto, 1980, *La Sagouine.*

Ordre des francophones d'Amérique 1984.

CRÉATION ET DISTRIBUTION

La pièce *William S* a été créée à Montréal le 16 avril 1991, par le Théâtre du Rideau Vert, avec la distribution suivante :

Guy Nadon	Shakespeare
Michelle Rossignol	Lady Macbeth
Michel Dumont	Falstaff
Marie Tifo	La Mégère
Jean-Louis Roux	Le Roi Lear
René Gagnon	Hamlet
Linda Roy	Juliette
Jean-Guy Viau	Shylock
Lénie Scoffié	Nounou

Mise en scène	André Brassard
Décor	Richard Lacroix
Éclairages	Claude Accolas
Costumes	François Barbeau

À Denyse et Paul

PROLOGUE

Une scène à la Shakespeare, assez nue, représentant d'une certaine manière les entrailles du théâtre. Les personnages s'agitent en scène, dans un va-et-vient frénétique et pourtant bien orchestré, répétant seuls et chacun pour soi, mettant la dernière touche à leur rôle. Costumes d'époque.

HAMLET

Être ou n'être pas, la question est là.
Est-il plus digne et noble pour l'esprit de souffrir
Les flèches et les dards d'un outrageux destin,
Ou de s'armer contre une mer d'adversités,
Et en les combattant, en finir... ?

LADY MACBETH

Est-ce que les vastes océans du grand Neptune
Ne viendront pas laver ce sang qui souille mes mains ?
OUT, OUT, DAMNED SPOT !

SHYLOCK

Trois mille ducats !

MÉGÈRE

Dites-moi, monsieur mon père, est-ce là votre désir
De me laisser rassir entre tous ces partis ?

FALSTAFF

Et voici ma harangue. Prenez place, mes seigneurs.
J'ai souvent remarqué en votre compagnie
Un homme vertueux, dont le nom, las ! m'échappe...
À l'air joyeux et vif, au brillant équipage...
Voilà, ça me revient, il se nomme Falstaff.

JULIETTE

Roméo, Roméo !
Qu'y a-t-il dans un nom ? Ce que nous appelons rose
Même sous un autre nom sentirait aussi bon.

LEAR

Je suis un vénérable fou et vain vieillard.

MÉGÈRE

Si je suis une guêpe, prenez garde à mon dard.

HAMLET

Quel chef-d'œuvre que l'homme ! Et pourtant...

SHYLOCK

Trois mille ducats pour trois mois !

LEAR

Aussi longtemps que l'on peut dire : « Voici le pire »,
Le pire n'est pas encore.

FALSTAFF

Si d'être vieux et gai luron est un péché,
Je connais nombre de vos gens qui sont damnés.

LADY MACBETH

OUT, DAMNED SPOT ! OUT, que je vous dis !
Les parfums d'Arabie ne suffiront donc point
À laver et blanchir cette pauvre petite main !

JULIETTE

Roméo, Roméo ! où es-tu, Roméo ?

Entre la Nounou en maugréant.

JULIETTE

Nounou, que dit-il de ce mariage, que dit-il ?

NOUNOU

Dieu, quelle migraine j'ai là ! quelle douleur dans la tête !
Ça cogne comme si ç'allait se fendre en mille morceaux.
Et mon échine, grand Dieu ! mes pauvres reins qui
[craquent !
Tu devrais avoir honte de m'envoyer ainsi
Par les rues de la ville pour attraper ma mort.

JULIETTE

Ma foi, je suis navrée que tu souffres à ce point.
Douce, douce Nounou chérie, que répond mon amour ?

NOUNOU

Ton amour, tel un tendre et courtois galant homme,
Honnête et bien intentionné... Où est ta mère ?

JULIETTE

Où est ma mère ? Pourquoi ? Elle est à l'intérieur.
Où veux-tu donc qu'elle soit ? Tu réponds bizarrement.

NOUNOU

Ce que tu es pressée ! Est-ce là où je m'assois
Pour reposer mes os ? Approche que je te parle.
As-tu permission de te rendre à l'église
En ce jour d'aujourd'hui ?

JULIETTE

Si fait, j'ai permission.

NOUNOU

Alors vite, mon petit, rends-toi chez frère Laurent.
Y a là un mari qui veut te prendre pour femme.

Elle rient. Elles s'embrassent.

HAMLET

Fragilité, ton nom est femme.

SHYLOCK

Trois mille ducats : je pense que j'accepterai ce gage.

MÉGÈRE

Qui lève le bras sur moi n'est point un gentilhomme.
Et si vous n'êtes gentilhomme, que vaut un bras
Qui ne saurait tirer l'épée de son fourreau ?

LADY MACBETH

Je crains surtout votre nature, milord Macbeth,
Encore trop plein du lait de la bonté humaine.

SHYLOCK

Un Juif n'a donc pas d'yeux ? Il n'a donc pas de mains ?
D'organes, de sens, de tendresse, de passions ?

HAMLET

Des mots, des mots, des mots !

MÉGÈRE

Comme si je ne savais pas moi-même que prendre ou que
laisser. Ha !

FALSTAFF

Cette chaise sera mon trône, cette dague mon sceptre,
Et ce traversin ma couronne.

HAMLET

Quelque chose est pourri au royaume du Danemark.

LEAR

Comme est plus affilée la langue du serpent
Que n'est l'ingratitude au cœur de mon enfant.

MÉGÈRE

Je suis bien trop légère pour un lourdaud comme toi ;
Et pourtant aussi lourde que l'exige mon poids.

JULIETTE

Bonne nuit, bonne nuit ! L'adieu est un si doux chagrin,
Que je dirai bonne nuit jusqu'au petit matin.

FALSTAFF

Non seulement suis-je moi-même un homme de grand
[esprit,
Mais un sujet d'esprit dans les esprits des autres.

LEAR

Le prince des ténèbres est un noble seigneur.

LADY MACBETH

Venez, sombres esprits qui gérez mes pensées,
Asexuez mon corps de femme et couvrez-moi
D'impitoyable cruauté.

SHYLOCK

Si vous nous blessez, ne saignons-nous pas ? Si vous
nous chatouillez, n'allons-nous pas rire ? Si vous nous
servez du poison, n'irons-nous pas mourir ?

HAMLET

Des mots, des mots, des mots !

SHYLOCK

Et si vous nous faites du tort, ne nous vengerons-nous
pas ?

FALSTAFF

J'ai beaucoup à plaider en faveur de Falstaff.

MÉGÈRE

Je m'en irai m'asseoir, geindre et me lamenter
Jusqu'à ce que je trouve moyen de me venger.

HAMLET

Il se cache plus de choses sur terre et dans le ciel
Que tu n'peux en rêver dans ta philosophie.

SHYLOCK

Maudite soit ma tribu, si jamais je pardonne !

MÉGÈRE

Me venger ! me venger !

LADY MACBETH

Ce qui est fait ne peut être défait. Au lit, au lit, au lit...

LEAR

Soufflez, rafales, typhons, à vous fendre les joues !
Faites rage, déchaînez-vous !

JULIETTE

Roméo, me voici. Je bois à toi ceci.

On entend les trompettes qui annoncent que le spectacle va commencer. Tous les personnages disparaissent en coulisses, en hâte et affolés.

SCÈNE I

Shakespeare descend du ciel en se balançant au bout d'un câble et en chantonnant :

L'univers est une scène où chacun joue son rôle.

puis atterrit face au public. Il est reconnaissable aux portraits que nous a laissés de lui la tradition.

SHAKESPEARE, *au public*

La vaste scène du monde où vous jouez tous un rôle. Premier rôle, second rôle, figurant, roi, prince, vilain, marchand, amante, mère : tous des acteurs. Comme ceux-là qui courent chaque soir sur ces planches. Depuis quatre siècles. Des personnages, les miens. Que j'ai créés, sortis de rien, pour me distraire. (*Il interroge le public.*) Vous ne me croyez pas ?... Vous avez raison. Ce n'est pas moi que je cherchais à distraire, mais lui, mon plus grand rival, mon pire ennemi, le Temps. Oui, le Temps qui couvre déjà ton berceau de son ombre, et durant toute ta vie te poursuit comme un insatiable Damoclès. À chaque tournant, il te guette ; entre chaque pli de ta courte existence, il se cache puis surgit en ricanant. La vie est une lutte à mort contre le Temps. Ne vous fiez pas à lui : même quand il se tient immobile et fait silence, il n'en bouge pas moins et vous entraîne, tel ce globe qui tourne à votre insu et vous emporte vers d'autres galaxies.

J'ai voulu, comme tant d'autres, avoir le dernier mot dans mon dialogue avec lui, le vaincre à force d'arguments, de patience, l'avoir à l'usure, ou tout simplement en feignant de l'ignorer... « Le Temps ? ça n'existe pas. » Et je passais mon chemin en sifflotant et en buvant à grands traits à même la source de la vie. La Vie, cette garce, celle qui nous tue. Le Temps ne peut rien contre la Mort. Il ne saurait s'en prendre qu'aux vivants, qui seuls sont mortels.

Et si je devenais immortel ? Si les personnages surgis de moi, morceaux de moi, autres moi-même, se dressaient, eux, devant lui et s'en venaient lui dire : « Nous ne mourrons pas ! Nous allons continuer à être longtemps après la mort de notre auteur parce que nous sommes plus grands que lui, plus durables, plus intemporels, plus universels, plus... éternellement vivants ! » ? Mais le sont-ils ? Ai-je créé un monde plus immortel que le mien ? On ne peut pas savoir. Sophocle savait-il qu'Œdipe et Antigone lui survivraient ?

On a beau depuis quatre siècles me couler dans le bronze, me tailler dans le marbre d'Italie, me jucher sur un socle, un livre ouvert sur les genoux et le crâne dégarni livré aux injures des pigeons ; on a beau soutenir qu'à moi seul, Shakespeare, prénommé William, né à Stratford en l'an de grâce 1564, humble poète et dramaturge de mon métier, je pèse plus lourd dans les coffres d'Angleterre que l'industrie du charbon, de la laine, des produits laitiers, des céréales et des terres de la couronne... suis-je pour autant immortel ? Et si oui, est-ce là l'immortalité que j'ai cherchée, voulue ? Ai-je triomphé du temps ?

On ne peut pas savoir. Jamais savoir. Non, même pas après quatre siècles d'éditions de luxe qui font ployer les rayons des bibliothèques ; même pas après avoir entendu les plus grands comédiens jouer, rejouer, déclamer dans toutes les langues, réciter à l'envers comme à l'endroit, chuchoter, hurler, chuinter à la française, rouler à l'italienne, zozoter à la britiche... Falstaff, Shylock ou la Mégère apprivoisée ; même pas après des milliers de colloques, jubilés, symposiums, centenaires, bicentenaires, tricentenaires, bientôt millénaires... on ne peut pas estimer le poids de l'œuvre qu'on a mise au monde. On continue de s'interroger sur un mot, un vers, une image, une pensée, un personnage.

Les personnages... mes juges, mes seuls et implacables juges. Car enfin, qu'importerait à Dieu lui-même la magnificence de son trône céleste, si ses propres créatures n'étaient pas contentes de lui ? Hein ?...

Il lève la tête et s'adresse à Dieu.

Dites-moi comment on se sent là-haut quand ça regimbe et rechigne ici-bas. Au seul hoquet désespéré de l'enfant qui agonise, ou à la seule larme de sa mère impuissante, oseriez-vous opposer les multiples splendeurs de vos couchers de soleil sur les neiges éternelles des Himalayas ?

Silence. Puis au public :

Ça ne répond pas... Et moi, le dramaturge, qui eus pour métier, à l'instar du Créateur, de tirer du néant une poignée d'acteurs supplémentaires de ce drame qui se joue depuis le début du monde, moi, William, j'ai transmis à Hamlet un doute plus profond que le mien ; à Macbeth plus d'ambition que je n'en ai eu ; à Roméo et Juliette un plus grand amour que celui dont j'ai rêvé ; à Lear, le pauvre roi déchu, j'ai confié l'ombre de mes remords et une parcelle de ma hargne contre le temps qui fuit ! Mais est-ce que ça a suffi ?

Le Temps ! toujours le Temps ! Seuls mes personnages ont su me venger de lui. Seuls ils pourront me procurer l'immortalité. Parce qu'ils sont plus vivants que moi. Mais moi pour eux, qui suis-je ? Après quatre siècles, allons voir ce qu'il reste de leur intemporalité. Sont-ils usés, ternis, caducs ? Parlent-ils une langue désuète ou périmée ? Y aura-t-il quelqu'un pour se souvenir de Hamlet ou d'Othello des siècles après que Shakespeare sera mort et oublié ? La question est de savoir si j'ai mis au monde des êtres capables de me survivre... et de faire de ma part au Temps un formidable pied de nez.

Tel un Peeping Tom, allons soulever un pan du rideau, coller l'œil au trou de la serrure. Regardons vivre nos personnages de tout près, et à leur insu. Pour ce, il me faut me dissimuler comme au théâtre derrière le masque et le costume d'emprunt. Prendre l'aspect de l'un de mes personnages pour mieux tromper les autres et surprendre ainsi leurs vrais sentiments à mon endroit.

Il essaie différents costumes.

Si je me faisais Richard III, le monstre ? Mais qui se confierait à cet assassin de son frère, de sa femme, de ses neveux, de son roi ?... Plutôt César. Oh ! mais on sera pour ou contre lui : et selon sa couleur politique, on lui en dira trop ou trop peu sur moi... Et si je me faisais Hamlet, prince du Danemark ? Je ne sais pas, mais j'ai vaguement le sentiment que celui-là n'inspire aux autres que méfiance et hostilité. Non, Shakespeare, pas ceux-là... pas ceux-là... Mais toi, William... tu te sentirais à ton aise dans le manteau de quel personnage ? Quelle est de toutes tes créatures celle dont le masque s'ajuste le mieux à ton visage ? Réfléchis. Celui du prince ou du valet ? du cavalier, de l'artificier, du fantassin ? du greffier, du marchand, du maire, du moine, de la nonne, de la pute, du punk ?... Je suis un peu de tous ceux-là, c'est vrai, mais... Le visage que me renvoie mon miroir, quand il est honnête, c'est d'abord celui du Fou. Celui-là plus que tout autre devine le troisième sens qui se cache derrière chaque mot, et l'articule de telle façon qu'il lui en fait dire un quatrième.

Il revêt le costume du Fou.

Seul le Fou peut parler la même langue au roi et à son laquais et se faire comprendre de l'un et l'autre. Ou si, comme il arrive, ils n'ont ni l'un ni l'autre saisi le sens caché qui se glisse entre la consonne et sa voyelle, ils ont quand même compris quelque chose qui les rend tous deux satisfaits d'eux-mêmes ou de moi. Et tout le monde en tire son profit.

Il a fini de se maquiller et de se costumer, et s'examine dans la glace.

Comment me trouvez-vous ?

Il fait toutes sortes de grimaces et de pirouettes.

Comme ça ? ou ça ? de profil ou de face ? Y a-t-il encore de l'austère dramaturge là-dessous ? Que reste-t-il de Shakespeare dans la bouche du clown ?... Tout. Mais eux ne le savent pas. Laissons-les donc s'épancher l'un après l'autre et livrer au Fou le fond de leur cœur. Commençons par le plus tendre, le plus pur, le plus débordant de sentiments encore chauds même dans le tombeau : l'amoureux Roméo.

« Elle parle.
Oh ! parle encore, bel ange de lumière,
Car tu es plus brillante gloire de la nuit
Que n'est le messager ailé du ciel
Voguant sur le ventre des nuages pa-
resseux. »

SCÈNE II

À l'appel de Roméo, surgit Juliette, éternellement à la recherche de son amour perdu. Surprise de Shakespeare-le Fou qui ne l'attendait pas.

JULIETTE

Ô Roméo, Roméo ! Où es-tu, Roméo ? Oh ! dis-moi, brave clown, tu n'as pas vu mon Roméo ? Mes oreilles n'ont pas pu me tromper, j'ai reconnu sa voix. Il est ici.

FOU, *dépité, à lui-même*

Peuh ! Pour un premier essai, mon vieux, c'est un succès. Va-t'en, chasseur, jouer le cri du mâle dans ta corne de bœuf et tu risques d'attirer la femelle. Te voilà pris, ô Fou, avec cette donzelle éplorée sur les bras. (*À Juliette.*) Non, madame, aucun fils de Montaigus n'est venu de son ombre ternir la lumière de ce ciel.

JULIETTE

Vous dites juste, tout bouffon que vous êtes : car même l'ombre de Roméo est assez brillante pour ternir de ce ciel la lumière.

FOU, *au public*

Ça, ce n'est point moi qui le lui ai fait dire ; cette saillie est de son cru. (*À Juliette.*) Bravo, Juliette ! Le temps n'a pas émoussé votre langue ni refroidi votre flamme.

JULIETTE

Le temps ? Même ce démon inflexible se brise contre le roc de l'amour. Mais en se brisant, hélas ! il nous entraîne dans sa chute. Je me suis évaporée à l'instant même où j'ai vu mon amour gésir à mes pieds.

FOU

Gésir !... Juliette, mon enfant, jamais je ne... jamais Shakespeare, notre auteur, n'eût mis un verbe aussi désuet dans la bouche d'une de ses créatures.

JULIETTE

S'il en avait eu besoin, il l'eût fait. Ce n'est pas à cet auteur-là qu'on eût enseigné les scrupules de la langue. Entendez les grossiers discours qu'il arrachait à cette bande de voyous flânant sur les pavés de Vérone !

FOU

Grossiers, peut-être, mais la poésie de la grossièreté ! Et puis au nombre de ces batteurs de pavés, un certain Roméo.

JULIETTE

Roméo, Roméo, où es-tu, Roméo ?...

FOU, *l'imitant*

Roméo, oh ! oh ! Méo-méo, oh ! oh !
Entre Shylock, affolé.

SHYLOCK

Il est là ? vous l'avez vu ? c'est Antonio ?

FOU, *au public*

Décidément, c'est ma journée !

SHYLOCK

Où se cache l'assassin qui m'a privé de mes biens, de mon honneur, de ma fille ?

FOU

Voilà le vrai Shylock qui pleure ses pertes dans l'ordre de ses inclinations : ses biens, son honneur, sa fille.

JULIETTE

Pas Antonio, Shylock, mais Roméo, mon éternel amour.

SHYLOCK

Rien n'est éternel, jeune fille ; la fortune la mieux gardée n'est pas à l'abri de la convoitise des brigands. Vous n'êtes jamais à l'abri de l'injustice, du mépris, des railleries...

FOU, *récitant*

... du rapt, de la rapine, de la fraude, de l'escroquerie, de l'usurpation. Bien idiot qui fonde son bonheur sur pareille fragilité.

SHYLOCK

Mais bien impertinent qui ose faire semblant de mépriser cette fragilité-là. Car ce que vous appelez fragile, fugace et fugitif, biens périssables de ce monde éphémère, vous le convoitez tous au prix de votre vie, qui pourtant vous est plus chère que l'honneur ou le sang.

FOU, *au public*

Voilà une aventure démarrée du pied gauche. Attention, ne te presse pas, bouffon, fou du roi ; ne convoque au tribunal que des témoins impartiaux et qui sauront rendre justice à la Justice et à la Vérité.

SHYLOCK

Duquel, parmi les innombrables fous qui empestent l'œuvre du Maître, portes-tu le masque et le nom, clown ?

FOU

De l'un et l'autre et l'autre encore, car tous les masques sont à l'enseigne du même nom de fou, et tous les fous portent le même masque. Le vôtre, Shylock, n'est que l'envers du mien.

SHYLOCK

Es-tu le clown Lancelot, ou Gobbo son vieux père ?

JULIETTE

Il est Feste, non Puck, ou Yorick...

Le Fou, au nom de Yorick, s'empare d'un crâne qui traîne parmi les accessoires, et se met à jouer la scène de Hamlet au cimetière.

FOU

ALAS, POOR YORICK ! Je l'ai connu, Horatio : le compagnon à la plus infinie sagacité, l'esprit le plus pétillant ; il m'a porté mille fois sur son dos... Voici où pendaient ses lèvres que j'ai tant de fois baisées. Où logent maintenant tes saillies, tes improvisations, tes chansons, tes facéties qui à tout coup faisaient revoler les rires en éclats ?

Apparaît Hamlet qui tient également en main un crâne et qui enchaîne la suite du texte, à la surprise du Fou et des autres.

HAMLET

NOT ONE NOW TO MOCK YOUR OWN GRINNING... Personne, personne pour railler tes propres grinceries ?

Il s'arrête devant le Fou et s'adresse à lui.

Va, va vers la chambre de ma dame et dis-lui... Mais qui êtes-vous ? Vous n'êtes pas Yorick ?

FOU

Je suis qui vous voulez, milord Hamlet.

JULIETTE

Le bouffon, le clown, le fou du roi.

SHYLOCK

La créature préférée de notre créateur.

HAMLET

Comment ! lui ?

FOU

Bien sûr que non, Hamlet ; l'enfant chéri de Shakespeare, c'est vous.

HAMLET, *haussant les épaules*

Hé ! le prince du Danemark ne fut chéri de personne, pas même de celle qui le mit au monde. Et si son auteur l'a vraiment aimé plus que les autres, comme cet amour fut lourd à porter !

FOU, *à part*

Je n'ai convoqué aucun de ceux-là, et me voilà pourtant entouré d'une cour... hostile. (*Au public.*) Aidez-moi. Quels sont ceux de mes personnages qu'il vous plairait de confronter à ceux-là ? (*Il cherche dans la salle.*) Othello ? Marc Antoine ? Macbeth ?... Oui, Macbeth. Qui veut Macbeth ? Allons pour Macbeth.

SHYLOCK

Il appelle Macbeth.

JULIETTE

Pourquoi ce régicide ? Et Roméo, lui ?

FOU

Parce que Roméo n'a pas répondu tout à l'heure à l'appel. Macbeth viendra sûrement. Je n'ai qu'à faire chanter les sorcières : HAIL MACBETH, THANE OF GLAMIS ! HAIL MACBETH, THANE OF CAWDOR ! HAIL MACBETH, THAT SHALT BE KING HEREAFTER !

Entre Lady Macbeth. Tous les bras tombent.

TOUS

Lady Macbeth !

FOU

Ah non !

LADY MACBETH

OUT, OUT, DAMNED SPOT ! Disparaissez ! Éloignez-vous d'ici. Débarrassez, débarrassez !

Elle tente de chasser tout le monde.

Je suis ici chez moi. Ce royaume m'appartient.

SHYLOCK

On avait convoqué votre maître et mari.

LADY MACBETH

Mon mari, mon maître ? Qui en a décidé ainsi ?

TOUS, *moins le Fou*

Shakespeare.

LADY MACBETH

Que les poux les plus voraces rongent le crâne de ce brigand.

Le Fou s'attrape la tête, Shylock ricane, Hamlet sourit, Juliette est scandalisée.

LADY MACBETH

Je n'aurai dorénavant d'autre maître de mes dits et gestes que moi-même, reine d'Écosse.

FOU, *à part*

Aïe, aïe ! je sens déjà que celle-là va me donner du fil à désembrouiller.

LADY MACBETH

Mais que faites-vous tous ici à semer la poussière de vos chaussures sur le parvis de mon palais ?

JULIETTE

Que dit-elle ?

HAMLET

Votre palais ? Mais ne sommes-nous pas ici à Elsinore, au Danemark ?

SHYLOCK

Vous êtes en Italie, à Venise la malpropre, la sans entrailles ni justice. Celle qui prive les honnêtes gens du fruit de leur labeur, de leur progéniture...

LADY MACBETH

Shylock ! sale marchand !

SHYLOCK

C'est déjà mieux, j'attendais le sale Juif.

JULIETTE

L'Italie. Non pas Venise, mais Vérone.

FOU

Vérone, Venise, Elsinore, tous les palais du monde... comme il vous plaira. Car... « this world is a stage » et vous êtes tous en scène.

JULIETTE

Vous n'auriez pas vu Roméo ?

HAMLET

Au couvent, Juliette, Roméo n'est plus, au couvent.

JULIETTE

Non ! jamais je ne renoncerai. Le monde s'usera, le soleil tombera en poussière, le firmament s'écroulera comme un château de sable...

LADY MACBETH

Je le reconstruirai de mes propres mains, ces petites mains... OUT, OUT DAMNED SPOT... ces mains capables d'étrangler un roi sauront rebâtir un royaume en déroute. Si Shakespeare, le traître, m'avait mise moi à la barre du royaume au lieu de ce pleutre de Macbeth, l'Histoire aurait pris un autre cours.

FOU

Si ! si !... avec des « si » on embouteille la planète. Mais justement, ce n'est pas vous, madame, mais Macbeth qui régnait sur les destinées d'Écosse en ces sombres années.

LADY MACBETH

Par la volonté de notre auteur, notre grand dramaturge, l'injuste, l'arbitraire, le misogyne Shakespeare.

FOU

Qu'est-ce que vous dites ?

LADY MACBETH

Je dis : misogyne.

Entre en trombe la Mégère telle une furie déchaînée, traînant pourtant de lourdes chaînes.

MÉGÈRE

Misogyne ! Ah ! ha ! Je le tiens enfin, le crapaud ! Où est-il ? Vous avez dit Shakespeare-le-misogyne ? Qu'il se présente les mains nues devant moi, la Mégère, que je lui règle son compte et lui fasse un sort. Qu'il vienne enfin me délivrer de ces chaînes qui m'« apprivoisent » et me réduisent à ça !.

HAMLET

Heureusement pour le monde qu'elle est apprivoisée.

SHYLOCK

De quoi se plaint-elle avec ses chaînes ? Shylock seul est réduit à parcourir le monde en Juif errant, de cité en cité, de tribunal en tribunal, pour qu'on lui fasse justice.

JULIETTE

Et Juliette à courir après l'Amour transformé en ombre fugitive.

MÉGÈRE

Qu'est-ce que ce ramassis de victimes sorties des entrailles puantes d'un auteur en mal d'écriture ? Que faites-vous tous ici rassemblés ?

HAMLET

À vrai dire, nous n'en savons rien. Personne ne sait jamais d'où il vient, où il va, ni ne connaît sa raison d'être au monde. (*Il se cogne le front.*) Être ou n'être pas...

MÉGÈRE

Non, non ! suffit, Hamlet. On l'a assez entendu ton TO BE OR NOT TO BE. (*Indiquant le front.*) La question d'ailleurs n'est pas là où tu penses. Elle sortait tout droit de tes reins, sans doute même d'un peu plus bas.

FOU, *commençant à s'amuser*

Intéressant, intéressant. Si la question de Hamlet en effet partait de son bas-ventre plutôt que de son cerveau ? Le ventre a plus inspiré de découvertes et d'inventions que l'âme, le cœur et le cerveau réunis. Parole de clown. Le ventre !

Sur ces paroles, Falstaff tombe du ciel et s'en vient rouler à leurs pieds, hilare et saoul.

TOUS

Qu'est-ce que c'est ?

HAMLET

Un porc, car ça pue.

LADY MACBETH

Si ça pue, ça vient d'Angleterre.

SHYLOCK

Si c'est du porc, éloignez ça de mon nez.

JULIETTE

C'est vivant !

MÉGÈRE

C'est un homme !

FOU

C'est Falstaff !

FALSTAFF

Hein ?... Suis-je rendu ? Je viens de quitter à l'instant la couche de ma pute bien-aimée... respirant fort, respirant mal, respirant pour la dernière fois... Suis-je rendu ? Êtes-vous des anges ou des... ? (*Il dévisage Shylock.*) Me semble apercevoir deux jolies petites cornes sur ce front chauve. Hé ! hé ! Arrière, satan ! VADE RETRO, SATANAS !

LADY MACBETH

Quelle ordure ! Il est saoul comme une bourrique.

MÉGÈRE

Bienvenue, Falstaff ! Voilà un mécréant qui va m'aider à me débarrasser de mes chaînes. Le seul mâle qui ne me donne pas la nausée.

JULIETTE

Vous nourrissez de bien maigres ambitions.

FALSTAFF

Maigres ? Elle a dit maigres ? (*Il rit.*) J'incarne à moi seul...

LADY MACBETH

... la voracité, la gloutonnerie, la goinfrerie, la ripaille...

FOU

... la bonne chère, les cinq sens, la joie de vivre, l'insouciance, l'insatiable appétit des plaisirs... qui conduit inéluctablement au tombeau.

HAMLET

... où les rois seront au souper le plat des vers qui auront mangé du paysan pour dîner.

MÉGÈRE

C'est ce prince si délicat, ce rêveur philosophe qui nous sert tout à coup son plat sur la quintessence de l'homme pourriture et nourriture des vers. Pauvre petit Hamlet, hommelet, fils à son papa.

HAMLET

Vous faites erreur, Mégère, sur un prince qui n'eut pour père qu'un beau-père meurtrier de son père...

MÉGÈRE

Hamlet, éternel shakespearien.

FOU

Comment en serait-il autrement ? Vous tenez... nous tenons tous notre existence de Shakespeare. Tous nés de lui, tous sortis de son cerveau.

LADY MACBETH

Cerveau surchauffé.

JULIETTE

Pas de son cerveau, non ; moi je suis sortie de son cœur.

FOU

Pas si mal, Juliette. La vérité sort de la bouche des purs.

FALSTAFF

Et moi de ses reins, pour ne pas dire de ses couilles.

LADY MACBETH

Falstaff !

FOU

(*À part.*) Ça se corse, je vais les avoir. Tire bien tes ficelles, bouffon. Ils sont de plus en plus vivants. (*À voix haute.*) Et Hamlet ?

HAMLET

De l'inconscient collectif et immémorial qui, tel un coffre, garde précieusement le trésor de l'humanité.

MÉGÈRE

Celui-là se donnera toujours le beau rôle.

FOU

Dans quel coin de son corps ou repli de son âme se cachait la Mégère ?

MÉGÈRE

Dans la dent creuse de notre auteur qui avait cette dent contre l'effarouchée.

FOU, *vaincu*

Touché !

SHYLOCK

Sur moi il a versé sa bile hargneuse ; je suis né de son foie.

FOU, *protestant*

Hé !... hé... !

LADY MACBETH

Nous sommes tous sortis de lui. Et pourtant, lui-même est né de nous. Qu'il ne se trompe pas : sans Prospero, Othello, Richard III, Antoine et Cléopâtre et Lady Macbeth, Shakespeare... n'est rien.

FOU

Shakespeare... n'est rien.

SHYLOCK

Rien du tout, c'est un Anglais mesquin, médiocre et anti-sémite, comme la plupart des chrétiens de son espèce. Sans nous, personne aujourd'hui ne se souviendrait même du prénom de ce scribouilleur dramatique.

FALSTAFF

Wil-liam Sha-ke-speare, dites-vous ? Qui est-ce ?

MÉGÈRE

William, comme dans hippopotame !

HAMLET

Des mots, des mots, des mots !

MÉGÈRE

Beaucoup de bruit pour rien.

FALSTAFF

Une comédie des erreurs... hic !

LADY MACBETH

Des contes d'hiver...

FOU, *jouant le jeu*

... pleins de bruit et de fureur et qui ne signifient rien.Ça... ne vaut pas la salive qu'on gaspille sur lui. Il nous a mis au monde puis, salut la compagnie ! Je m'en vais prendre le frais ailleurs...

LADY MACBETH

... à Stratford, au pays de mes souvenirs où j'oublierai à loisir les pauvres créatures qui devront bien se débrouiller seules, sans moi...

MÉGÈRE

... et qui disposeront d'une éternité pour me maudire et m'en vouloir.

HAMLET

Lui en vouloir ? Autant en vouloir à Dieu si tant est que cet être existât et répondît à l'image qu'on se fait de Lui.

FOU

Existe-t-il, n'existe-t-il pas ? Là est la question.

HAMLET, *récitant*

Est-il plus digne et plus noble pour l'esprit de souffrir
Les dards et les flèches d'un outrageux destin...

MÉGÈRE

Qui l'a remis en orbite, celui-là ? On ne t'a pas appris, bouffon, qu'on ne relance pas le prince du Danemark dans son TO BE !

Falstaff s'en va pisser dans un coin.

FALSTAFF

... OR NOT TO PEE.

LADY MACBETH, *l'apercevant*

Mais qu'est-ce que je vois ? En présence de la reine !

FALSTAFF

'S'cusez.

LADY MACBETH

Le débraillé, le grivois, l'indécent personnage !

FALSTAFF, *dégrisé*

Pourtant je ne me plains pas de ce personnage-là. Car Falstaff au moins a eu du bon temps.

FOU, *encouragé*

Vous ne vous plaignez pas, Falstaff, de votre auteur ?

FALSTAFF

Et pourquoi ? Pour m'avoir fait rond et gros ? Un corps immense offre davantage de surface aux plaisirs, plus d'espace aux bontés et dons de la nature. J'ai savouré plus que vous les joies de l'existence, ayant plus large goût, plus ample soif, moins de scrupules à satisfaire mes bas instincts.

MÉGÈRE

Bravo, Falstaff !

JULIETTE

Oh !

LADY MACBETH

Crapule !

FALSTAFF

Oui, ces instincts que vos bouches raffinées ont méprisés en pinçant les lèvres sont restés chez vous sur leur faim et vous ont rendus aigris et méchants. Falstaff, grâce à Dieu, peut se vanter de n'avoir été ni l'un ni l'autre. Il a joui de la vie sous tous ces angles : en longueur, largeur, hauteur, profondeur...

HAMLET

La profondeur de Falstaff ne correspond à rien qu'au vide insatiable du creux.

SHYLOCK

Chrétiens hypocrites dont l'œil droit méprise les biens de ce monde, tandis que le gauche convoite les biens d'autrui.

HAMLET

À qui s'adressent, Shylock, ces paroles outrageantes ?

SHYLOCK

À qui louche des deux yeux ou court deux lièvres à la fois.

HAMLET, *dégainant*

Et comment se nomme celui-là ?

SHYLOCK

Un hypocrite et un papiste.

HAMLET

Et qui est ce...

MÉGÈRE

Allons ! prince de l'indécision, dégaine, attaque et venge ton honneur s'il t'en reste. Vous voyez le poltron ?

LADY MACBETH

Point poltron, mais irrésolu. Il jouera de l'épée quand les dés seront jetés et qu'il sera trop tard.

MÉGÈRE

Et ce sera un joli massacre.

LADY MACBETH

Si j'avais de même laissé Macbeth suivre les fluctuations de son cerveau indécis...

JULIETTE

... le roi Duncan serait encore vivant.

LADY MACBETH

Et moi je serais quoi ?

FALSTAFF

Une dame de pique à la cour du roi.

Pendant que Lady Macbeth et Falstaff s'affrontent à l'écart sous l'œil amusé des autres, le Fou-Shakespeare s'adresse au public.

FOU-SHAKESPEARE

Voilà où conduit la liberté, mesdames, messieurs. Lâchez la bride à vos personnages et vous n'êtes plus qu'un auteur fantoche. Vous pensez qu'il est amusant de bâtir une pièce avec de la pâte pareille ? Et pourtant, n'est-ce pas ce que j'ai voulu ?

Il revient vers le groupe et cherche à mettre la paix. Lady Macbeth le repousse.

LADY MACBETH

Ici c'est moi qui commande.

FOU

Oh ! si Shakespeare entendait ça !

LADY MACBETH

Eh bien, qu'il l'entende ! Qu'il se montre enfin et apprenne de ma bouche le poids de nos récriminations.

FOU, *à part*

Aïe ! aïe !

MÉGÈRE

Pas de danger ! Le lâche ne viendra pas. Il connaît trop le beau motton de fiel que je réserve à sa gentille petite frimousse.

FOU

Grands dieux ! Tant de bile pour votre créateur qui vous a conçue et mise au monde ?

MÉGÈRE

Conçue mégère, puis mise au monde apprivoisée. S'il avait eu pour deux sous de jugeote, votre génial auteur, il aurait aperçu la faille dans cette œuvre-là. Comment suis-je appelée à me comporter à votre dire, bouffon ? Suis-je ou non mégère ?

FOU

Autant que je suis fou.

MÉGÈRE

Et pourtant apprivoisée. Cette femme est le jour et la nuit, la montagne et la plaine, la gauche et la droite. Je suis mon propre contraire. Un paradoxe ambulant. Livrée à moi-même, je les broierais tous et les réduirais en bouillie ; je

44

briserais ces colonnes qui soutiennent ce chapiteau ; je ferais flamber leur théâtre... sauve qui peut ! Ah !...

Elle court sur les planches comme une déchaînée.

LADY MACBETH

Arrêtez-la ! Liez-lui les mains !

FALSTAFF

C'est déjà fait.

MÉGÈRE

Mais je suis apprivoisée, domestiquée, asservie. Et pourquoi ?

TOUS

Pourquoi ?

MÉGÈRE

Allez le demander à mon auteur et créateur, mon dramaturge, seul maître à bord de ce navire qu'il a largué dans l'espace et le temps. Pour éviter que la Mégère ne conduise sa nef en mers ténébreuses, il l'a enchaînée et jetée en cale. Ainsi Shakespeare a pu sans opposition s'emparer de la barre et mener son monde où il voulait. Et nous sommes tous ses esclaves.

FOU, *protestant*

Oh !... oh !

SHYLOCK

Victimes de ses caprices, de ses humeurs, de ses préjugés. Ainsi moi, Shylock, condamné à traîner de par le monde...

FALSTAFF

... la sombre figure du Juif errant.

FOU

Vous avez reçu, Shylock, le juste châtiment de vos fautes abominables.

JULIETTE

Ignoble ! Demander une livre de chair humaine pour satisfaire sa vengeance !

SHYLOCK

Vengeance insatisfaite. On m'a spolié de mes droits.

FOU

Heureusement. L'auteur est arrivé juste à temps pour empêcher cette abomination.

MÉGÈRE

Ah oui ? Alors pourquoi n'est-il pas arrivé à temps pour empêcher l'odieux massacre des deux jeunes princes dans la Tour de Londres ? et le meurtre du roi d'Écosse commandé par la sanguinaire Macbeth ?

LADY MACBETH

Phhh !

FOU

Pour laisser Lady Macbeth, Richard III et tous les autres obéir à leur destinée et mener jusqu'au bout leur propre personnage.

MÉGÈRE

Je m'inscris en faux contre ça !

LADY MACBETH

Je n'ai pas mené moi-même mon personnage. Car alors j'eusse placé à la barre du royaume Lady Macbeth au lieu de son mari et n'eusse pas laissé envelopper mon âme virile sous ces apparences trompeuses.

SHYLOCK

Vous pensez que j'aurais laissé Antonio me glisser entre les doigts, et tous ces faux prêtres me dépouiller d'une fortune ramassée pièce par pièce à la sueur de mon front ?

JULIETTE

Et que je me serais réveillée deux secondes en retard pour trouver Roméo gisant à mes pieds ?

FALSTAFF

Et que j'aurais permis au prince de Galles qui m'avait fait roi de la fête, devenu roi lui-même, de me détrôner ?

HAMLET

Shakespeare peut-il s'imaginer qu'une seule de ses créatures soit contente de lui ?

Durant ces attaques, le Fou accourt de l'un à l'autre, affolé, cherchant vainement du secours.

FOU

Ouf ! vous n'êtes pas tendres pour l'auteur de vos jours.

LADY MACBETH

Et pourquoi serions-nous tendres ? Est-ce qu'il nous a ménagés, lui ?

MÉGÈRE

Est-ce qu'il est là aujourd'hui pour me délivrer de mes chaînes ?

JULIETTE

Va-t-il me rendre mon Roméo ?

SHYLOCK

Mon argent ?

FALSTAFF

Mes femmes ? mon vin ? mes orgies ? mon trône de roi du carnaval ?

HAMLET

Viendra-t-il répondre à mes questions ? Car ma raison d'être, ma destinée... ne furent jamais élucidées.

FOU

Attendez, attendez ! pas tous ensemble.

JULIETTE

Mais toi, bouffon, tu ne récrimines pas contre lui ?

LADY MACBETH

En effet, le Fou ne se plaint pas de son auteur ; il est le seul d'entre nous qui semble content de son sort.

HAMLET

Bienheureux en sa folie.

MÉGÈRE

Un fou conscient et qui se moque de nous en sa tortueuse sagesse.

FOU

(*À part.*) Sors-toi de cette impasse, misérable. (*À voix haute.*) La sagesse au sage ; au fou le talent.

MÉGÈRE

Qu'est-ce que je vous disais !

FOU, *s'amusant*

Mieux vaut un pauvre fou spirituel qu'un grand esprit pris de folie.

LADY MACBETH

Et comment un fou de tant d'esprit peut-il se soumettre bassement aux caprices arbitraires d'un auteur ? Pourquoi ne regimbe-t-il pas devant l'asservissement ?

MÉGÈRE

Qu'est-ce qui retient le clown, hein ?

Elle le pigouille.

FOU

Sa conscience.

HAMLET

Quoi ?

FALSTAFF

On m'en dira tant !

FOU

Tout être normalement constitué est composé de deux contraires qui se tiraillent, chacun cherchant à vaincre l'autre. Ainsi en moi j'entends, d'une part, la voix du diable qui ricane à mon oreille gauche : « Va-t'en, Fou, émancipe-toi du joug du vilain » ; tandis que, d'autre part, ma conscience me chuchote à l'oreille droite : « Ne bouge pas, bouffon, reste au service de ton maître et créateur. » Ainsi j'en conclus qu'en restant je sers ma conscience qui me conseille bien ; et pour servir le vilain qui n'est nul autre que le diable déguisé en auteur... je dois de même rester à ses ordres et le défendre. Voilà pourquoi le Fou ne récrimine pas contre son sort et ne regimbe pas contre Shakespeare, notre auteur.

FALSTAFF

Eh bien ! mon Fou, tu t'en es tiré par la peau des dents.

MÉGÈRE

Merdaille !

SHYLOCK

Je le reconnais, je le reconnais ! C'est Lancelot, mon clown. Arrêtez le traître !

FOU, *à part*

Aïe ! aïe ! S'arracher des griffes d'un diablotin pour tomber dans celles du diable.

JULIETTE

Comme nous, il se compte parmi les victimes de notre créateur.

HAMLET

L'existence est une méprise.

FALSTAFF

Moelleuse et voluptueuse méprise !

LADY MACBETH

Ainsi, bouffon, tu joins ta voix à la nôtre pour t'insurger contre Shakespeare et l'envoyer au pilori ?

FOU

Mais... volontiers... sauf que...

MÉGÈRE

Sa conscience lui souffle à l'oreille droite...

LADY MACBETH

La conscience ! le diable !... seuls les enfants craignent l'image du diable imprimée dans la paume de leurs mains... OUT, OUT, DAMNED SPOT !

SHYLOCK

Réponds, Lancelot.

MÉGÈRE

Prends parti, louvoyeur. Qu'as-tu à dire de Shakespeare ?

FOU

Je dis... je... je refuse de parler des absents qui ne sont pas là pour se défendre.

MÉGÈRE

Qu'à cela ne tienne ! Faisons-le comparaître.

LADY MACBETH

Convoquons-le au tribunal.

FALSTAFF

Le pauvre homme ! Quand il viendra rouler dans ce nid de vipères...

HAMLET

... au milieu des mégères aux griffes bien affûtées !

MÉGÈRE

J'attends !

FOU, *affolé*

Il ne viendra pas.

TOUS

Comment !... Pour quelle raison ?

FOU, *cherchant à s'en tirer*

Pour la raison... que l'auteur n'a pas sa place au théâtre.

HAMLET

Pas sa place au théâtre, l'auteur ? Réponse indigne du fou du roi. Car qui a mis dans la bouche de Hamlet ces leçons de théâtre sinon lui, Shakespeare ?...SPEAK THE SPEECH, I PRAY YOU... « Parlez comme on prononce, qu'il m'a fait dire, avec aisance et sans effort... Car si vous déclamez, comme font tant d'acteurs, autant confier mes vers au crieur public. » Voilà comment l'auteur lui-même s'est fait maître d'acteurs et s'est imposé au théâtre.

MÉGÈRE

Tu vois, beau Fou, tu ne t'en tireras pas comme ça : l'auteur a sa place sur la scène.

LADY MACBETH

Va nous le chercher.

FOU, *à part*

Ah ! mamma mia !

LADY MACBETH

Va, te dis-je. Ici c'est la reine qui commande.

MÉGÈRE, *le poussant*

Ouste ! ouste, bouffon !

JULIETTE

Mais qu'allons-nous lui dire ?

MÉGÈRE

Compte sur moi, mignonne.

SHYLOCK

Qu'attends-tu pour bouger, Lancelot ?

FOU

De trouver une sortie honorable... Ah ! pis merde ! je m'en sortirai comme j'ai toujours fait : par une pirouette, une nique, une facétie, une bouffonnerie, une turlupinade !

Il sort dans une pirouette et en lançant un clin d'œil au public.

SCÈNE III

L'éclairage isole Hamlet et Juliette.

HAMLET

Retirez-vous, Juliette, de ce monde infect ; rentrez au couvent. Pourquoi persister, Juliette, à trouver un bonheur qui n'existe pas ? Que cherchez-vous sur cette scène où ne jouent que des acteurs sans texte ?

JULIETTE

Je cherche l'Amour

HAMLET

L'amour est mort.

JULIETTE

Pas si Roméo vit. Et Roméo vit puisque chaque soir s'allument encore des milliers d'étoiles au firmament.

HAMLET

Des étoiles ? Je suis si triste et mélancolique que même notre planète me paraît un promontoire absurde et stérile. Ce brave firmament où vous voyez dans les étoiles les yeux de l'amour, cette toiture majestueuse ne m'apparaît à moi qu'un amas de vapeurs putrides. Quel chef-d'œuvre que l'homme ! Quelle noblesse son esprit ! Quelle merveille ses facultés ! Un dieu ! La beauté du monde ! Le parangon des êtres vivants ! Et pourtant, pour moi, qu'est-ce que cette poignée de poussière ? L'homme ne m'éblouit pas. Non plus que la femme.

JULIETTE

Je vous plains, prince.

L'éclairage isole Falstaff et la Mégère.

FALSTAFF

Viens, Katarina, ma jolie, laissons-les se vautrer dans les considérations philosophiques, pendant que nous nous élèverons jusqu'aux hautes sphères des plaisirs, des réjouissances et de la volupté. Laissons les reines, les princes et les grands de ce monde régler leur complexe d'Œdipe vis-à-vis de leur auteur...

MÉGÈRE, *qui réagit*

L'auteur ? Ah non ! pas sans moi. Quand Shakespeare apparaîtra, la Mégère sera au rendez-vous.

FALSTAFF

Il est aussi hasardeux de réveiller le loup que de pressentir la renarde.

Elle continue de cogner sur lui.

Aïe ! aïe ! tout doux, mamie, ma jolie, mon ange déguisé en cyclone. Mais que vous ai-je donc fait, ma douce, pour que vous vous en preniez à moi ?

MÉGÈRE

Rien. Mais ma furie a besoin d'objet et ma bile d'exutoire. Et vous êtes, Falstaff, plus vaste champ de bataille que toutes ces ombres maigrichonnes. Puis on m'a appris à ne jamais m'en prendre à plus petit que moi.

FALSTAFF

Règle de l'honneur qu'on daigne enseigner aux dames ?

MÉGÈRE

Aux dames ! Parce que, selon vous, gros mâle, ceux de votre espèce seraient seuls détenteurs de dignité et d'honneur ? Fort bien, prince de la Crapule et de l'Ordure *(Elle frappe de plus belle.)*, votre honneur vous interdit de rendre ses coups à une dame. *(Il fuit devant les coups.)* Ou de fuir. Ou de vous couvrir le visage.

FALSTAFF

À moi ! À l'aide !

MÉGÈRE

Ou d'appeler au secours. L'honneur vous défend de vous protéger ou de gémir. C'est là vile attitude de femelle en épouvante. Indigne d'un étalon tel que Falstaff.

Elle le pigouille et le chatouille. Petit à petit, les gémissements de Falstaff se changent en rires. Il la prend dans ses bras et c'est elle maintenant qui cherche à se défendre.

FALSTAFF

Interdit de frapper une dame ou de se défendre contre ses coups. Permis seulement de la prendre dans ses bras, la cajoler, la caresser...

MÉGÈRE

Dégage, ordure !

FALSTAFF

... souffler dans ses mignonnes oreilles des mots d'amour...

MÉGÈRE, *qui se débat*

Lâche-moi, grosse brute !

FALSTAFF

... et sur sa bouche, picorer mille baisers...

MÉGÈRE

Tu pues, porc !

FALSTAFF

On t'appelle Mégère, mais ce nom-là sied mal à un bel ange descendu du ciel.

MÉGÈRE

Montée des enfers et en beau diable.

FALSTAFF

Beauté à nulle autre pareille, vertueuse au-dessus de toutes les vertus.

MÉGÈRE

Vicieuse et ravie de l'être.

L'éclairage isole Lady Macbeth et Shylock.

LADY MACBETH

Ainsi, vous ne regrettez rien, Shylock. Pas l'ombre d'un remords.

SHYLOCK

Remords ? Pourquoi ? Pour avoir cherché justice et compensation ? Ai-je demandé autre chose que mon dû ?

LADY MACBETH

Votre dû ! La chair d'un homme ! Vous êtes vulgaire et mesquin.

SHYLOCK

Comment qualifier alors le régicide ?

LADY MACBETH

Le mot est plus noble. Et puis Macbeth a tué par ambition, non par vengeance. En expédiant le roi chez les anges, il accédait au trône. Alors que votre stratagème vous a fait rouler dans la boue.

SHYLOCK

Parce que j'étais juif. Mais parce que vous êtes chrétienne, ô femme, vous traînerez, même sur le trône, un éternel et cuisant remords.

LADY MACBETH

OUT ! OUT DAMNED SPOT !
Qu'il se montre à la fin. Qu'il vienne !

HAMLET

Il ne viendra pas.

JULIETTE

Si, si, il viendra, il faut qu'il vienne.

FALSTAFF

Il viendra caché sous la peau d'un autre, d'un agneau...
d'un lion...

LADY MACBETH

Je le somme de se montrer, le lâche.

HAMLET

Viendra, ne viendra pas...
Le Fou revient en traînant à sa suite un vieillard en loques.

TOUS

Il vient !
*Puis se rendant compte de son erreur, on laisse tomber les
bras.*

JULIETTE

Ce n'est pas Shakespeare.

SCÈNE IV

Le Fou présente son hôte qui est son roi.

FOU

Milady, milord, le Roi Lear !

Lear, en mendiant traqué et débile, mais couronne sur la tête, cherche où se réfugier devant l'hostilité et le mépris. Il aura des sursauts de lucidité où il retrouvera angoisse, sagesse et dignité.

LEAR

Laissez-moi tranquille.

FOU

Sire, venez par ici.

LEAR

Vous voulez me briser le cœur ?

FOU

Plutôt briser le mien, milord.

LEAR

Vous fuyez l'ours, mais si votre fuite est du côté de la mer orageuse, vous tombez dans la gueule d'un ours plus grand.

Il dit cela à la face de Lady Macbeth.

LADY MACBETH

Pourquoi ce roi détrôné vient-il souiller de ses haillons ma royale demeure ?

MÉGÈRE

Tu nous offres le cirque, bouffon. On t'a demandé l'aigle et tu nous ramènes un vieux lion édenté, dégriffé et dément. Que veux-tu qu'on fasse avec ça ?

SHYLOCK

Nous réclamons l'auteur.

FOU

L'auteur est introuvable.

HAMLET

Le créateur est introuvable. Dieu est introuvable !

FALSTAFF

Dieu est mort et enterré.

LADY MACBETH

Il se cache, le poltron.

SHYLOCK

Pas loin d'ici, je le sens.

FALSTAFF

Shylock sent la viande fraîche, une livre de chair humaine.

JULIETTE

Arrêtez ! Ne voyez-vous pas que le vieux roi est à bout de force ?

LEAR, *à Juliette*

Cordélia ! ma fille, mon enfant !

FOU

Nenni, n'oncle. Celle-ci n'est pas Cordélia, mais Juliette.

LEAR

Je n'ai engendré nulle Juliette. Un ange, deux démons, mais aucune Juliette.

LADY MACBETH

Et n'auriez dû engendrer personne. Vous déshonorez la couronne, roi décrépit et déchu. Ayez la décence de vous retirer, Lear.

MÉGÈRE

Une fois de plus. Le Roi Lear se retire pour la deuxième fois.

LEAR

Lear ? Ceci n'est pas Lear. Lear marche-t-il ainsi ? Tient-il ce langage ? Où sont ses yeux ? Qui peut me dire qui je suis ?

FOU

L'ombre de Lear. Ô Majesté, posez vos yeux sur moi. Je suis votre fou, le bouffon du roi. Vous ne me remettez pas, n'oncle ? Laissez-moi baiser votre main.

LEAR

Que je l'essuie d'abord ; elle sent le mortel.

JULIETTE, *désignant le Fou*

C'était donc lui, le fou du Roi Lear ! Non pas Yorick, ni Feste, ni Lancelot...

MÉGÈRE

Le fou du roi fou !

LEAR

Comment vous appelez-vous, ô gentille dame ?

MÉGÈRE

Furie.

FALSTAFF

Elle s'appelle la Mégère, Sire, la Commère, le Tonnerre...

MÉGÈRE, *frappant Falstaff*

Point de tonnerre sans foudre.

LADY MACBETH

Pourquoi, clown, nous avoir ramené votre vieux maître au lieu de notre auteur ?

FOU

Mon maître est mon auteur et mon auteur, mon maître. Le fou du roi est la face cachée du cerveau de son maître : sa vérité, son inconscient, son revers, la part de son esprit dissimulée entre les plis de son âme. Sans mon maître, je fais chou blanc, je retourne en poussière, je me volatilise en une multitude de petits riens. Je tiens ma raison d'être de lui. Il est donc mon auteur.

SHYLOCK

Mais nous ne reconnaissons pas ce maître-là. Nous n'avons d'auteur que Shakespeare avec qui nous avons des comptes à régler.

FOU

Mais que lui voulez-vous à la fin ?

MÉGÈRE

Ce que nous lui voulons ?

LADY MACBETH

Réparation !

SHYLOCK

Justice !

FALSTAFF

L'occasion de nous divertir, cette fois à notre profit et à ses dépens.

HAMLET

Nous voulons savoir, savoir une fois pour toutes. Mourir, dormir ; dormir, peut-être rêver.

FALSTAFF

Rêver de vers de terre mangeant du roi pour dîner.

LADY MACBETH

Mais nous, ses prétendues créatures, nous à qui il a daigné insuffler l'existence pour ensuite la bafouer et l'écraser sous son mépris...

FOU

Son mépris ! Mais comment osez-vous, milady...

LADY MACBETH

Tais-toi, clown, cette doléance ne s'adresse pas à toi.

FOU, *à part*

C'est vrai. Clown, tais-toi.

LADY MACBETH

À l'avenir, garde ton rang de serviteur, bouffon de cour.

FOU

Mais ces rang et titre me donnent le droit de dire même à des majestés...

LADY MACBETH

... rien de plus que ce que les majestés veulent bien entendre.

MÉGÈRE

Car les majestés sont susceptibles majestueusement.

FALSTAFF

Et n'acceptent de la vérité que la part qui les amuse ou les flatte.

MÉGÈRE

Un métier de fou que celui de fou du roi.

FOU, *chantonnant*

Cache plus que tu ne laisses voir,
Révèle moins que tu ne connais,
Prête moins que tu peux en avoir,
Et ne découvre qui tu es
Même pas à ton valet,
Même pas à ton miroir.

LEAR

Chante-moi une berceuse, ô clown, que je rentre en moi et me retrouve, retrouve Lear, qui fut roi jadis, et père, qui eut des filles... une délicieuse, plus douce que les bourgeons chéris de mai... (*Il regarde Juliette.*) et une autre... non, deux autres (*Il s'adresse à Lady Macbeth et la Mégère.*), deux vipères au dard empoisonné, monstre bicéphale, ogresses sans cœur et sans entrailles...

Il crache dans la direction de Lady Macbeth qui lui saute dessus.

LADY MACBETH

Comment ? Vous croyez votre personne intouchable parce que ceinte du bandeau royal ? Détrompez-vous, vieillard sénile et décrépit. J'ai traité déjà avec des têtes couronnées.

SHYLOCK

Traité au poignard et au poison.

FALSTAFF

Les rois qui ne savent pas reconnaître leurs vrais amis seront un jour ou l'autre la proie des courtisans vautours.

JULIETTE

Arrêtez ! Cet homme est vieux et seul, dépouillé de ses armes, abandonné des siens. Ayez honte de vous en prendre à plus faible que vous.

MÉGÈRE

Depuis quatre siècles, ma fille, depuis le début du monde que nous nous trouvons, femmes, en position de faiblesse. Et qu'a-t-on fait de nous ?

JULIETTE

On nous a aimées.

MÉGÈRE

Oh ! oh !! Entendez roucouler le gentil pigeon ! Aimées, dit-elle, aimées dans les chaînes, aimées esclaves, courtisanes, machines à leur fabriquer une progéniture, progéniture de mâles pour hériter de leurs biens et titres, et de quelques femelles pour assurer la lignée. Et vous appelez ça aimer, Juliette ?

JULIETTE

Méchante mégère ! Si vous aviez aperçu à mille lieues rien que la silhouette de Roméo...

MÉGÈRE

Je l'aurais bouffée.

SHYLOCK

Mais alors qui vous a empêchée de bouffer votre mari au lieu de le servir ?

MÉGÈRE, *montrant ses chaînes*

Ça ! Asservie par notre auteur bien-aimé. Qu'on me dégage et vous apprendrez tous qui est cette Mégère, désapprivoisée.

LEAR

À la naissance, nous poussons des hurlements en nous voyant échoués sur une scène de fous. Voyez, ils sont tous fous. Presque tous. Les autres sont des barbares.

LADY MACBETH

Savez-vous à qui vous parlez, lion édenté ?

LEAR

À une ingrate qui a dépouillé son maître et achevé son roi.

HAMLET

La folie frappe souvent plus juste que la raison.

LADY MACBETH

Chassez de ma vue ce roi indigne dont la tête fêlée n'a même pas su porter dignement une couronne. Qu'il parte ! (*Elle le frappe.*)

MÉGÈRE

Qu'avez-vous fait, père monstrueux, de cette fille qui vous aimait, sincèrement et sans affectation ? Vous avez préféré, comme tous les pères et maris despotiques, la flatterie à la tendresse réelle et sans fard. Eh bien ! vous voilà justement châtié ! (*Elle cogne à son tour.*)

LEAR, *à Hamlet*

Laissez-moi m'en aller en paix en l'autre monde, là où ne règnent ni filles perfides ni majestés crapuleuses.

SHYLOCK

Malheur au père qui se dépouille lui-même de ses biens en faveur de ses filles !

FALSTAFF

Ouf ! Ça barde de ce côté-là !
Tout doux, Falstaff, ne cherche pas querelle à qui ne te la propose point. Les sages enseignent que paix vaut mieux que guerre. Sois sage et repose en paix.

SHYLOCK

Des biens amassés pièce par pièce durant toute une vie, arrachés aux concurrents, conquis sur l'ennemi, gagnés par la force de ses bras et de son esprit, extorqués au temps et aux intempéries, pour enfin les jeter sans calcul ni raison à une ingrate progéniture ! Folie ! Indécente folie ! *(Il s'acharne sur Lear.)*

Durant la bataille qui se poursuit au fond, le Fou vient parler au public à l'avant-scène.

FOU-SHAKESPEARE

Et cette loque dont la tête est semblable à l'araignée prise dans sa propre toile et sur laquelle s'acharne une populace de fourmis, cette loque était un roi. Un roi !... Qu'est-ce qu'un roi tombé de son trône, déchu de son titre, privé de sa garde et de ses courtisans ? Sous la dépouille royale, un pauvre homme. Des chairs meurtries par la tempête, des os vidés de leur moelle, un crâne et un cœur fêlés par le désespoir et la désillusion.

Le combat de Lear au milieu des autres personnages prend l'allure de la lutte contre les éléments durant la tempête. Chacun fait les gestes et produit les bruits du vent et de l'orage.

MÉGÈRE

Que ce vieillard, ancêtre de tous les hommes, nous dédommage et nous rende la liberté.

JULIETTE

Non, ce n'est pas lui, ce n'est pas sa faute.

FOU-SHAKESPEARE

Mais quand un homme est par terre, que reste-t-il de son humanité ? Voyez comme ces compagnons de notre terrestre voyage s'acharnent sur le vieil homme. Ses frères sortis des mêmes entrailles et du même cerveau que lui. Voilà comme le monde est fait !

LADY MACBETH

Que le roi mâle remette aux femmes le pouvoir usurpé.

JULIETTE

Respect pour sa barbe blanche et sa majesté.

LEAR

Soufflez, rafales, à vous en fendre les joues. Faites rage, déchaînez-vous. Tourbillons, trombes et typhons, enroulez-vous autour du clocher et noyez-y la girouette. Éclairs foudroyants, allumez ma tête blanche. Et toi, tonnerre impitoyable, viens aplanir la rondeur de la planète. Brise la matrice de la nature pour que s'en échappe et meure l'embryon de l'homme qui n'est qu'ingratitude.

FOU-SHAKESPEARE

Un roi, un homme, un père. La tragédie de la paternité. Pour ses filles, il s'est volontairement dépouillé : dépouillé de ses biens, de son pouvoir, de son autorité. Puis elles se sont chargées elles-mêmes du reste : sa dignité et sa raison.

Lear se dégage et vient se réfugier auprès du Fou.

LEAR

Comment vas-tu, fiston ? Tu n'as pas froid dans la tempête ? Je te reconnais, tu sais : tu es mon fou... non, mon fils... le fils que je n'ai pas achevé... pas eu le temps... Le temps, ô monstre !... il m'a failli. Rends-le moi ! Rends-moi mon fils et prends mes filles. Ingrates et perfides. Sauf une : celle que j'ai trahie, mal aimée. Pitié, ô dieux ! Mais toi, tu es l'enfant des entrailles paternelles... d'un cœur, d'un cerveau paternels. Tu es celui que j'ai fait tout seul.

FOU-SHAKESPEARE

Oui, mon père, le père que je me suis donné...

LEAR

Tu vois !

SHAKESPEARE, *à lui-même*

... mais que j'ai dû si injustement malmener et finalement détruire pour naître de ses cendres. Ma créature la plus... la plus...

Lear l'examine attentivement et retrouve un moment de lucidité.

LEAR

... la plus abominable et sublime à la fois. Mais toi, mon clown, le Fou, tu n'es pas sa créature.

Shakespeare réagit vivement.

Tu es l'autre lui-même. La voix, la bouche du maître. Je l'aperçois, le fourbe, derrière ton masque... Les dieux se cachent toujours quelque part pour mieux se jouer de nous.

FOU

Vous divaguez, n'oncle, retrouvez vos esprits.

68

LEAR

Que caches-tu sous ton bonnet ?

SHYLOCK

Le Fou cache quelque chose sous son bonnet.

HAMLET

L'humaine déraison.

LADY MACBETH

Non. Lear a vu quelque chose de plus. Un mystère plane sous ce chapiteau.

MÉGÈRE

Eh bien ! perçons-le.

FALSTAFF

Attention ! Ne dérangez pas l'équilibre des choses.

LEAR

C'est quoi ton petit nom, déjà ? Comment t'appelait ta mère, ou ta nourrice ?

FOU

Le bouffon n'a d'autre nom que celui de Jocrisse.

JULIETTE

Que se passe-t-il ? Je sens trembler le sol sous mes pieds.

LEAR

Le sol, les flots, les arcades du firmament, tout tremble. J'entends s'approcher en rampant les mille pattes de la tempête. Garde-à-vous ! La terre fend et va s'ouvrir.

SCÈNE V

Un coup de vent, puis entre en trombe la nourrice de Juliette, dite Nounou.

NOUNOU

Par où c'est qu'elle est passée ? Où est mon agneau, mon bébé, ma Juliette ?

JULIETTE

Nounou !

NOUNOU

Ah ! te voilà, vilaine, méchante enfant qui me déchire l'âme, me retourne les tripes et fait du boudin avec mon sang !... Ma chérie, mon cœur, mon amour !

Elle prend Juliette dans ses bras et la couvre de baisers.

Mais en quel sombre caveau tu te cachais, coquine ? Tu sais donc pas que ta Nounou t'attend, comme une tigresse, tournant autour de ce maudit balcon ?... « Ah ! Roméo, Roméo, où es-tu, mon Roméo ? »... Quatre jours que je fais les cent pas...

FOU

Quatre siècles, Nounou.

NOUNOU

Quatre siècles ? Comme le temps passe ! Mais qu'est-ce que j'ai fait, moi, durant tout ce temps-là ? Du mauvais sang, voilà ce que j'ai fait. Durant quatre cents ans. Tu parles d'une vie !

FALSTAFF

Pour une tempête, c'était une tempête.

NOUNOU

Mais que font-ils tous ici, ceux-là ?

MÉGÈRE

Ils attendent William Shakespeare.

NOUNOU

Tiens ! ce nom-là me dit quelque chose... Il était du bord des Capulets ou des Montaigus ?

HAMLET

Allez savoir !

FOU

L'auteur est impartial et neutre : il ne prend parti pour personne.

MÉGÈRE, *montrant ses chaînes*

Pauvre grosse dinde ! Il n'a pas pris parti contre moi, ton petit mignon ? Qu'il vienne ! Il verra de quel parti je suis.

LADY MACBETH

Qu'il se révèle ; qu'il se montre s'il a du cœur au ventre !

SHYLOCK

S'il a de l'honneur et de la race !

NOUNOU

Mais que lui voulez-vous à la fin, au pauvre homme ? Qu'est-ce qu'il vous a fait ?

HAMLET

Il nous a faits.

JULIETTE

Malheureux.

SHYLOCK

Inégaux.

LADY MACBETH

Incomplets.

MÉGÈRE

Serviles et domestiqués.

FALSTAFF

Insatisfaits, inassouvis.

HAMLET

Inachevés.

NOUNOU

On se croirait à l'église au jour des Rogations... De la peste, de la famine, de la guerre, délivrez-nous, Seigneur. (*À Lear.*) Et vous, grand-père, vous geignez point contre lui ?

LEAR

C'est mon fils.

NOUNOU

Votre fils ? Et vous allez laisser ces mécréants vous l'abîmer ? Où sont passées vos entrailles ?

LEAR

Mes filles les ont mangées.

NOUNOU

Ma parole, me v'là tombée en plein théâtre de fous ! (*Au Fou.*) Et toi, bouffon, qu'est-ce que tu trouves à dire contre le dénommé... un certain... (*Aux autres.*) Comment c'est que vous l'appelez déjà ?

HAMLET

William Shakespeare, l'auteur de vos jours ; ça ne vous dit rien ?

NOUNOU

Ah ! vous savez, moi, la religion... Déjà que j'ai eu des maîtres pas faciles et un mari. S'il faut y ajouter l'Auteur de mes jours... !

JULIETTE

Shakespeare, Nounou, est celui qui t'a faite, comme nous tous, ses personnages... il est l'auteur, le créateur...

NOUNOU

Personne ne m'a faite, moi, hormis mon père et ma mère. Pour les autres... auteurs, créateurs, Dieu... bouillie pour les chats. Parlons de choses sérieuses. Pourquoi tu t'es sauvée, vilaine ? Et dans le caveau familial pour comble de malheur !

JULIETTE

Il le fallait, Nounou.

NOUNOU

« Il le fallait, Nounou. » Vous entendez ça ? Ces jeunes d'aujourd'hui ! Ç'a autant de jugeote que vous en dénichez dans la tête d'un moineau naissant... Mais c'est si gentil, si mignon, hi ! Vous auriez dû la voir, poupon en pure soie en venant au monde, angelot du bon Dieu, la huitième merveille d'Italie. Ç'avait tout pour être heureux : naissance, beauté, fortune, famille... Puis ça s'en va comme une bannie s'enfermer seule dans une sombre prison, en compagnie des revenants ses ancêtres...

Lear s'approche de Juliette, la prend dans ses bras et, en la caressant doucement, divague.

LEAR

Viens, mon enfant chérie, allons sans peur et sans honte en prison. Nous chanterons seuls comme des pinsons en cage. Quand tu voudras ma bénédiction, je m'agenouillerai à tes pieds et te demanderai pardon. Ainsi nous vivrons dans la prière, les chansons, les vieux contes, les rires pour égayer les papillons, pendant que les chenapans de cour échangeront des potins et tisseront en sourdine leurs sombres machinations...

Il quitte Juliette et s'approche du Fou.

MÉGÈRE

Le vieux lion est fou.

HAMLET

Le sage est à l'écoute de la folie.

LEAR, *au Fou*

Je suis vieux. Qui es-tu ? William... Mes yeux me trahissent et pourtant je vois. De l'intérieur, je vois. Tu es William, mon frère, mon fils, mon fou William.

SHYLOCK

Il a dit William...

FALSTAFF

Pas possible ! Eh bien ! génial Falstaff, te voilà dépassé !

LADY MACBETH

Comment ! Il a dit William ? Ce serait... lui ?

MÉGÈRE

Shakespeare en bouffon ! C'est pas vrai, Katarina, tu rêves...

HAMLET

Un fou a démasqué le Fou.

La Mégère arrache au Fou son déguisement.

MÉGÈRE

Voici l'homme !

JULIETTE

C'est notre auteur ?

FALSTAFF

En chair et en os, tripes et boyaux.

LADY MACBETH

C'est ton heure, Lady Macbeth, te voilà enfin face à face avec lui. Découvre-toi sous ton vrai jour. Montre à Shakespeare que toi seule avais véritablement l'étoffe d'une reine. D'un roi !

JULIETTE

Qu'allez-vous faire de lui ?

LADY MACBETH

Le juger ! En bonne et due forme. Et avec tout le respect qu'exige son rang.

MÉGÈRE

C'est-à-dire sans pitié et sans ménagement.

SHYLOCK

La même loi pour tout le monde.

FALSTAFF

Moi, je m'en lave les mains.

On s'empare de Shakespeare et lui met des chaînes aux poings et aux pieds.

MÉGÈRE

À ton tour, misérable, de goûter à la douceur des chaînes et de l'asservissement.

NOUNOU

Doucement, doucement ! ne le maltraitez pas. Tout accusé a droit à des égards avant d'être condamné, quelle que soit la gravité de sa faute... C'est quoi au juste son crime ? de quoi c'est qu'il est coupable ?

LEAR

Coupable de paternité.

SCÈNE VI

FALSTAFF

La cour est ouverte !

MÉGÈRE, *se frottant les mains*

À nous deux, petit Willie !

SHYLOCK

J'aurai mon dû. Qu'on me restitue mes biens, ma fille, ma ville, mes deux mille ducats, plusse les intérêts...

LADY MACBETH

Suffit, marchand ! On n'est pas ici pour vous rendre vos ducats.

FALSTAFF

Pas de ducats pour Shylock.

LADY MACBETH

On est venu plaider la cause des créatures lésées à la source même de leur existence.

LEAR

Tout est pourri à la source.

NOUNOU

Chut ! écoutons la dame.

LADY MACBETH

Qui demande la parole ?

MÉGÈRE

Moins de chichis, Lady Macbeth, vous avez la parole déjà bien en bouche ; poursuivez.

LADY MACBETH

Écoutez bien ma cause et jugez vous-mêmes de la justesse de mes récriminations. Un auteur crée un drame... que dis-je, un drame ! une tragédie telle que le monde n'en avait pas vu depuis les Grecs. Une tragédie qui met en scène deux destins : Macbeth, un faible, un loyal à son roi, un scrupuleux dont le bras est incapable de réaliser le projet que son cœur a pu concevoir ; et face à celui-là, Lady Macbeth, sa plus forte moitié, qui a trempé dans l'acier fondu l'âme hésitante de son homme, puis a guidé son bras comme une mère la main de son enfant. Sans moi, le grand homme eût passé la moitié de sa vie à tergiverser et balancer entre le « Tuerai-je ou ne tuerai-je pas le roi ? » et gaspillé l'autre moitié à regretter de ne pas l'avoir fait. Lady Macbeth a été de ce drame le ressort, le nœud, le moteur et l'énergie. Qui donc, de cet homme ou de moi, méritait la couronne et le pouvoir ?

JULIETTE

Vous l'avez poussé au crime et vous vous en vantez ?

LADY MACBETH

Crime ! que signifie ce mot dans la bouche d'une pucelle de quinze ans ?

NOUNOU

Point pucelle, nenni ; défends-toi, Juliette.

77

JULIETTE

L'épouse de Roméo.

NOUNOU

Vous voyez ? Qu'est-ce que je vous disais !

LADY MACBETH

Épouse d'une nuit. Mais laissons cela. Celle-là seule a droit au titre d'épouse qui épouse jusqu'au crime la cause de son mari. Car ce que vous appelez crime, je l'ai commis pour lui, qui ne le méritait pas... Et si je l'avais commis pour moi ? Si moi, Lady Macbeth, j'avais été couronnée roi au lieu de reine, si Duncan avait été mon rival et ma proie au lieu de la proie et du rival d'un Macbeth bégayant de tergiversations et rongé de remords ? Les remords ! J'ai pu les connaître et su les affronter. Mais à l'heure des remords, après le geste accompli. Les remords qui précèdent l'action rendent l'âme hésitante et le bras tremblant. Or, qui aspire au sceptre ne doit point voir trembler son bras. Qui rêve à la couronne doit garder haut le front même devant son propre crime. Moi seule de nous deux possédais la tête, l'âme, le cœur d'un roi... mais dans un corps de femme. Pourquoi ? *(À Shakespeare.)* Pourquoi avoir placé Macbeth aux commandes, un Macbeth fougueux et pleutre à la fois, une tête équarrie, inapte à manœuvrer, incapable d'asseoir sur le trône une nouvelle dynastie ? Pourquoi lui ?

FALSTAFF

Parce que la pièce s'intitule *Macbeth*.

LADY MACBETH

Et elle s'intitule *Macbeth* parce que Macbeth portait l'épée à la ceinture et la visière sur le front. Macbeth était un homme. Pourtant vous qui m'avez faite, vous saviez ce que cachait ce front dur et ce qu'entourait cette ceinture dorée. Vous connaissiez, avouez-le, qui de nous deux avait la trempe des grands hommes de l'histoire et pouvait transformer votre tragédie en épopée.

SHAKESPEARE

Mais j'ai voulu une tragédie et non pas une épopée.

LADY MACBETH

Vous avez voulu y trouver votre compte, comme toujours. Mais moi dans tout ça, moi votre créature, aiguillonnée par l'ambition, tentée par le pouvoir, que vous avez dotée d'une âme d'acier pour venir ensuite l'enfermer dans une enveloppe de conventions et de lois à l'usage des mâles, qu'avez-vous fait de moi, la femme ? Vous m'avez faite femme, justement, avec tout ce que cette condition entraîne de misères et de limitations. La femme qui ne saurait porter l'épée, ni commander à son homme, ni transgresser les lois de son sexe. Pourtant, ce sexe, vous saviez tout ce qu'il peut porter d'émotions, de passions et d'énergie. À celle à qui vous avez donné l'œil et le bec du faucon, vous avez rogné les griffes. Et vous vouliez que je vous remercie pour ces dons !

Elle arrache sa cagoule et lui crache au visage. La Nounou accourt essuyer le visage de Shakespeare.

NOUNOU

Femme éhontée ! Cracher au visage d'un homme au poteau !

LADY MACBETH

Taisez-vous, servante ; sachez que vous parlez à la reine d'Écosse.

NOUNOU

On dirait pas. J'aurais cru que les reines avaient plus de manières et d'éducation.

Lear a rejoint la Nounou.

LEAR

Les reines sont des monstres ingrats et cruels. N'abandon-
nez jamais le pouvoir aux mains de vos filles. (*À
Shakespeare.*) Ne reste pas là, mon fils, exposé à la
tempête.

HAMLET

Aucune tempête, Sire, ne saurait atteindre un homme avec
autant de vigueur que l'orage qui souffle au sein de sa
conscience.

MÉGÈRE

Qu'en termes tortueux ces choses sont exprimées ! Hamlet
mettrait des formes pour annoncer qu'il va faire un rot.

SHYLOCK

N'interrompez pas le cours de la Justice. Un homme est à
la barre des accusés.

LADY MACBETH

Un homme qui s'est pris pour Dieu.

SHAKESPEARE

Oh ! même Dieu ne pourrait rien contre la révolte de ses
créatures. Vous avez droit à la rébellion, Lady Macbeth,
parce que vous êtes libre. Vous entendez ? libre !
La Mégère le gifle.

MÉGÈRE

Voilà pour abus du mot « liberté ».

NOUNOU

Mais y a-t-il pas personne pour s'en venir mettre la paix ?
Tout ça finira par finir en jeu de chiens.

SHAKESPEARE

Laissez-les, bonne femme. Autant vider le sac une fois
pour toutes. J'avais cru, en donnant à Lady Macbeth le

pouvoir réel, lui rendre un plus grand hommage qu'en me bornant à ne lui en donner que les apparences.

NOUNOU

Vous voyez, il est point aussi méchant que vous dites.

SHAKESPEARE

Comment pouvais-je deviner qu'une femme de votre trempe, à qui l'on offrait le gouvernail, choisirait d'être simple figure de proue ?

NOUNOU

Vous vouliez être à la proue au lieu du gouvernail ?

SHAKESPEARE

Si c'était à refaire, Lady Macbeth..., si vraiment votre histoire était à refaire...

LADY MACBETH

Si l'histoire était à refaire, Shakespeare serait mon laquais et mon marchepied.

FALSTAFF

Veut, veut pas, il le fut. Notre marchepied à tous. Par lui, on a grimpé.

SHYLOCK

Pas moi. Je suis tombé très bas, à cause de lui.

FALSTAFF

Nenni, Shylock, vous comme les autres lui devez de respirer les parfums de la vie et de goûter à ses fruits capiteux.

SHYLOCK

J'ai horreur des fruits qui ruinent un honnête homme et des parfums qui font tourner la tête aux filles en âge d'être mariées.

FALSTAFF

Eh bien ! mon cher cadavre, ne venez pas vous plaindre de votre auteur si la bile vous engotte. La vie ne flattera pas ceux qui ne l'auront point flattée.

SHAKESPEARE

Bravo, Falstaff !

FALSTAFF, *feignant de chercher*

Qui a parlé ?

SHAKESPEARE

C'est moi, ton maître à penser.

FALSTAFF

Mon maître ? connais pas.

SHAKESPEARE

Ici, Falstaff, ton frère, ton compagnon. Viens m'aider à me sortir de là.

FALSTAFF

Je n'ai eu que des compagnons de débauche. Sûrement, monseigneur, que vous n'êtes pas de ceux-là.

SHAKESPEARE

Falstaff, mon ami, arrêtons ce jeu. Souviens-toi, je t'ai fait mon copain et joyeux luron. Sûrement que toi tu n'auras pas à te plaindre de moi.

FALSTAFF

Mais quel est ce blanc-bec qui me traite si cavalièrement ?

Il lui tord le nez.

Voilà pour t'apprendre, mauvais plaisant, à mieux parler aux gens de bien.

SHAKESPEARE

Quelle mouche l'a piqué ?

FALSTAFF

La même qui piqua jadis mon roi, et par lui mon auteur, celui qui m'a si allégrement laissé tomber quand j'ai eu besoin de lui. Vous vous souvenez ? Vous avez annoncé dans un épilogue que si votre public n'était pas trop écœuré de gros lard, vous pourriez, humble auteur, me ramener en scène afin de me livrer à sa furie. Mais auparavant, vous avez poussé le prince de Galles, mon ami et presque mon fils, à m'abandonner déloyalement. « Je ne vous connais pas, vieil homme, qu'il me dit, la folie ne sied pas à vos cheveux blancs. » Figurez-vous ! mon petit Harry, mon prince, mon cœur, lui qui fut mon disciple quand j'étais roi de la fête, en devenant roi lui-même, se fit mon tyran. Grâce à qui ? Grâce à vous !

SHYLOCK

Ingratitude royale !

FALSTAFF

Et pourquoi ? Vous avez préféré flatter la mémoire de la dynastie royale. Le chroniqueur de la guerre des Deux-Roses s'est repenti d'avoir prêté au jeune prince un visage trop humain, et a fini par faire passer le roi devant l'homme.

MÉGÈRE

Ingratitude d'auteur !

FALSTAFF

Puis tous ces manants qui me léchaient la main la veille, le jour où je perdis le sceptre, me bottèrent le cul... avec votre bénédiction.

HAMLET

Ingratitude humaine !

FALSTAFF

Ainsi je tombai de mon marchepied du trône et perdis tous mes droits d'amuseur du roi. Grâce à qui ?

TOUS

Grâce à lui !

NOUNOU

Pauvre homme !

LEAR

Lear perdit de même tous ses droits au trône. Tous ! D'abord sa cour de cent chevaliers, puis ses filles, sa suite, son fou, son bandeau royal, sa raison, sa fille cadette, sa vie, sa vie... Lear a tout perdu... puis a trouvé... la paix.

FALSTAFF, *se découvrant la tête*

Mais Falstaff au moins, avant de perdre, a vécu. Il ne s'est pas contenté de manger pour sustenter sa chair, boire pour apaiser sa soif, dormir pour reposer son corps, flairer, toucher, caresser et tous les et cætera pour reproduire sa race... Falstaff a vécu pour vivre. Pour faire la nique aux vers dessous la pelouse en leur disant de la part de Falstaff : Bon appétit, messieurs, mais vous n'en viendrez pas à bout ; car Falstaff a plus de chair autour des os que vous n'en pourrez bouffer en une éternité ; plus de sang et de vin dans les veines que vous n'en pourrez boire ; plus de vie accumulée que vous n'en pourrez épuiser. Donc Falstaff est immortel !

La Mégère et la Nounou applaudissent.

MÉGÈRE

Bravo, gros porc ! Mais c'est faire trop grand cas des vers que de leur offrir un tel festin.

FALSTAFF

Ils n'en toucheront que l'usufruit. Falstaff a joui du capital. Boire, dormir, manger... dormir, manger, boire... manger, boire, dormir... et forniquer.

NOUNOU, *riant*

Hi ! hi ! hi !

JULIETTE

Dégoûtant ! Je préfère m'être endormie à quinze ans en n'emportant au tombeau que mon cœur calciné d'amour.

NOUNOU, *pleurnichant*

Ma Juliette...

MÉGÈRE

La pure, la douce, la tendre Juliette. Pouah !

NOUNOU, *s'en prenant à la Mégère*

Que je vous attrape, vilaine grue, à toucher à mon agneau !

Elle enlève à Juliette sa cagoule.

Enlève-moi cette affreuse coiffe, mon ange. Tu as trop beau visage, toi, pour le cacher dans un sac de jute.

LEAR

Cordélia, ma fille ?

NOUNOU

Nenni, vieil homme, celle-ci n'est pas votre fille ; c'est ma petite maîtresse, l'enfant unique des Capulets.

MÉGÈRE

Belle engeance, vos Capulets. Une société aux coutumes et aux mœurs pourries.

HAMLET

Où les pères placent la vengeance au-dessus des droits de leurs héritiers, où les mères font passer l'obéissance à leurs maris avant le bonheur de leurs enfants.

SHYLOCK

Où les lois ne sont pas soumises à l'homme, mais l'homme aux lois.

MÉGÈRE

Où la liberté n'est offerte que pour choisir le tombeau.

HAMLET

Où l'on pleure les enfants morts sans se repentir de les avoir tués.

FALSTAFF

Où l'on ne glorifie l'amour que sur une épitaphe.

MÉGÈRE

Voilà le monde qui fut offert à Roméo et Juliette.

JULIETTE

Pourquoi, maître Shakespeare, nous avoir jetés dans cette cage aux lions ? Pourquoi vous êtes-vous donné la peine de nous mettre au monde dans ce monde-là ?

NOUNOU

Oui, pourquoi ?

JULIETTE

Au début, on pensait, Roméo et moi, que vous nous aimiez, sincèrement.

NOUNOU

Tout le monde vous aimait, c't'affaire !

JULIETTE

On était si heureux !

NOUNOU, *pleurant*

Si heureux !... bou-hou !...

JULIETTE

Personne ne fut plus que nous choyés par un auteur. Jamais poète n'arracha aux muses plus tendre discours pour nous décrire l'un à l'autre, l'un par l'autre. Il m'appelait un pendentif au cou du firmament.

NOUNOU

C'est pas joli, ça ?

JULIETTE

J'étais une colombe au milieu des corbeaux...

MÉGÈRE

Il aurait fallu se méfier des corbeaux, pauvre colombe.

JULIETTE

Et comment se méfier quand la vie est si belle ? quand le bonheur personnifié vient chanter sous ton balcon ? J'ai touché au sublime, j'ai frôlé l'éternité.

LADY MACBETH

Goûté au fruit défendu.

JULIETTE

Et pourquoi défendu ? Pourquoi nous tenter de l'amour si l'amour est interdit ? L'avions-nous réclamé ? Avions-nous demandé à être ? à nous rencontrer ? (*À Shakespeare.*) Les Montaigus et les Capulets étaient des ennemis héréditaires, ça vous le saviez. Vous auriez pu nous faire surgir ailleurs : dans un autre pays, une autre classe, un autre siècle. Mais non. On dirait que vous avez voulu sonder le fond du cœur humain, mesurer la résistance de l'amour innocent plongé dans la fournaise. Des bestioles dans un laboratoire.

NOUNOU, *à Shakespeare*

C'est vous qui avez fait ça ? (*Elle lui tire les cheveux.*) Répondez, coquin.

HAMLET

Pour faire subir à l'amour pareille épreuve, il fallait que ce grand esprit soit un grand frustré.

JULIETTE

Mourir l'un pour l'autre, l'un par l'autre, à peine devenu homme, devenue femme. Quinze ans !

HAMLET

Quinze ans. Comptez-vous heureuse, Juliette, de n'avoir pas eu le temps de voir ternir puis se gâter votre bonheur. Un bonheur si pur qu'aucun soleil ne pouvait lui faire ombrage.

JULIETTE

J'aurais préféré qu'il dure.

FALSTAFF

Les amours ne durent que la durée d'un spasme. Parole de Falstaff.

JULIETTE

Mais ce spasme dure toute la vie. Hélas ! c'est la vie qui ne dure que l'espace d'un soupir. Pourquoi ?

Elle frappe de ses deux poings sur les planches du pilori.

Pourquoi nous avoir faits si beaux, si heureux, si c'était pour nous enlever si tôt le bonheur, tuer notre beauté, jeter nos deux corps enlacés dans la fosse ?

NOUNOU

Juliette ! tu vas t'échauffer les sangs.

SHAKESPEARE

Pas jeter dans la fosse, Juliette, mais dresser sur un socle pour défier l'histoire.

NOUNOU

Tu entends ? T'es juchée sur un socle au-dessus de l'histoire. C'est pas beau ça ?

JULIETTE

C'est le payer trop cher.

NOUNOU

Ah ! tu sais, au prix où sont les choses aujourd'hui...

JULIETTE, *se jetant à genoux*

Rendez-moi Roméo, maître, puis faites de moi ce que vous voudrez.

MÉGÈRE, *la relevant*

Pas de ça, Juliette. Ne vous humiliez pas devant ce monstre.

JULIETTE

Rendez-moi mon amour !

SHAKESPEARE

Tu es l'amour, Juliette, pour l'éternité. Le symbole de l'amour dans toute sa pureté, sa splendeur, sa tragique beauté. Je ne pouvais pas faire davantage pour toi.

NOUNOU

Le monsieur a raison, mon trésor. Tu es tout ce qu'on a fait de plus beau.

SHAKESPEARE

Tu aurais voulu vieillir matrone à l'exemple de ta mère ? rêvé de devenir cette épouse idiote d'un mari despotique et faire à tes enfants le sort qu'on t'a fait ? En donnant votre vie l'un pour l'autre, vous avez à jamais inscrit vos noms dans le firmament des étoiles. Que vous auraient apporté vingt ou trente années de plus ? Une nuit de Roméo et

Juliette a fait plus pour glorifier l'amour qu'un million de vieux couples rassasiés et blasés.

JULIETTE

Roméo et Juliette ne seraient jamais devenus blasés, ni rassasiés, ni vieux...

SHAKESPEARE

Pour ça il fallait mourir avant que de vieillir.

HAMLET

Cesser d'être avant d'avoir été pour donner au monde l'illusion de l'existence.

MÉGÈRE

Comment Ophélie a-t-elle fait pour endurer le verbiage et le rabâchage de ce personnage assommant !

SHYLOCK

Parce qu'Ophélie était une sainte et point une mégère.

MÉGÈRE

Ne venez pas parler latin devant les clercs, vieux Juif ; les saints ne sont pas de votre confrérie.

HAMLET

C'est ma tirade sur le « To be or not to be » que vous traitez de verbiage ? ou de rabâchage mon monologue sur le crâne desséché de Yorick, le fou du roi ? Ce que les esprits vils et plats ont pris pour des divagations de poète ou de prince mélancolique était la suprême tentative de l'être qui cherche à s'incarner.

MÉGÈRE

Suffit pas d'être Hamlet, on va se prendre pour Jésus-Christ.

SHYLOCK

Pas encore un !

Falstaff arrache à Hamlet sa cagoule.

FALSTAFF

Coucou, fils de Dieu !

HAMLET

Hamlet le rêveur, l'inquiet, l'indécis. Peut-être. Mais de quelle inquiétude ? de quelle indécision ? Vous avez cru, esprits mesquins, que j'hésitais par couardise à tuer le roi usurpateur du trône et assassin de mon père. Vous vous êtes figuré que mon drame logeait à ce niveau de la conscience morale, parce que vous ne volez pas au-dessus de celle-là. La fluette conscience chrétienne qui oscille entre le bien et le mal.

SHYLOCK

Chrétiens hypocrites !

NOUNOU

Vous, taisez-vous !

HAMLET

Mais la vie n'a-t-elle rien d'autre ? La vie n'est-elle pas avant tout conscience d'être au monde... qui chez les esprits forts se transforme en angoisse ?

LADY MACBETH

Si votre auteur ne vous avait pas affligé de tant de désenchantement, d'une telle mélancolie...

HAMLET

L'auteur ne pouvait rien contre mon angoisse profonde d'être ou de ne pas être au monde.

SHAKESPEARE, *humble*

Peut-être ai-je été ébloui par ton hamletisme et tenté de le fouiller, de le suivre jusqu'à ses racines les plus profondes...

HAMLET

Non, rien ne pouvait m'arracher à mon être essentiel, fait de doute, d'hésitation. J'ai hésité durant toute ma vie parce que la vie même hésitait à s'incarner en moi. Je rêvais d'une création achevée, infinie, mais comme tous les mortels, je pataugeais dans un monde à peine sorti de son limon.

LADY MACBETH

Il fallait passer à l'action, tuer votre beau-père quand l'occasion s'en est présentée, au lieu de biaiser, tergiverser, jouer pour gagner du temps.

HAMLET

C'est vrai, j'ai fait tout cela. Comme un comédien qui lace dix fois son pourpoint avant d'entrer en scène.

LEAR

Ce monde est un théâtre où tous les hommes sont acteurs, mais dont seuls les plus grands connaissent le trac.

SHAKESPEARE

Hamlet a éprouvé jusqu'à la folie le trac d'entrer en scène, car Hamlet dans ce spectacle jouait le premier rôle.

MÉGÈRE

Bien sûr, le premier rôle ! L'avant-scène. Pourquoi pas toute la pièce !

FALSTAFF, *mangeant*

Tous ces discours existentiels qui sortent de la bouche d'un philosophe ne valent pas un bon mets qui y pénètre. Je me méfie des argumentations qui s'échafaudent à jeun.

HAMLET

Le pêcheur attrape sa proie avec un ver qui s'est nourri d'un roi, puis mange le poisson qui s'est nourri du ver. C'est ça, Falstaff, les merveilles de la bonne chère ?

MÉGÈRE

Ça m'étonnait aussi qu'il oublie ses vers.

FALSTAFF

C'est une façon en tout cas de se prendre pour un roi. Mais à vrai dire, je n'ai jamais éprouvé pareille envie, en mangeant, de m'adonner à tant de métaphysique. Il me suffit de penser que le cochon est bon et bien assaisonné, et non pas avec qui la veille il a cochonné.

SHYLOCK

Encore du cochon. Les chrétiens n'ont que ce mot-là à la bouche.

MÉGÈRE

Vaut mieux une côte de porc qu'une livre de chair humaine.

JULIETTE

Honte sur vous, Shylock, qui avez exigé sur un plateau la chair d'un homme respectable, juste et bon.

NOUNOU

Il a fait ça, le crapaud ?

SHYLOCK

Juste et bon, dites-vous ? et respectable ? Respectable parce qu'il respectait vos coutumes et votre étiquette. Oh ! c'était un homme bien, votre Antonio ! capable de donner sa vie pour son meilleur ami. Mais qui ne ferait cela ?

NOUNOU

J'en connais.

SHYLOCK

Sauf que cette vie, il la prenait aux autres. Ça s'appelle honnête parce que ç'a des manières. Mais sur quelle morale se fondent ces manières et ces mœurs ? Sur la morale chrétienne qui a pour devise : Hors de l'Église point de salut.

NOUNOU

C'est juste.

SHYLOCK

On respectera la justice, on pratiquera la charité, mais entre nous et envers les nôtres. Malheur à ceux qui n'en seront point. Apprenons à pardonner, soyons miséricordieux, aimons-nous les uns les autres. Mais qui sont ces uns et ces autres ? À qui pardonnerons-nous ? Qui aura droit à notre miséricorde ? Les chrétiens, car ceux-là seuls sont des hommes.

SHAKESPEARE

Je n'ai jamais écrit cela.

SHYLOCK

Vous avez fait pire : vous l'avez illustré, en faisant de moi la risée de tous.

FALSTAFF

Nous l'avons tous été à un degré ou à un autre.

SHYLOCK

Mais pas en tant que chrétien, Italien ou Anglais. Moi seul le fus en tant que Juif. Vous avez tous exigé vos dûs. Sans ménagements. Voyez le crime de Lady Macbeth : assassiner son hôte, son roi. Ai-je fait la moitié de cela en réclamant une livre de la chair d'Antonio, mon ennemi ? Car Antonio, votre homme juste et bon, m'avait déshonoré, s'était réjoui de mes pertes, avait détourné de moi mes amis et poussé mes ennemis à me haïr davantage. Et pourquoi ?

Il enlève sa cagoule.

Parce que j'étais juif !

NOUNOU

Ça, c'est pas bien.

FALSTAFF

Vous faites porter aux chrétiens la faute d'Antonio. Mais Antonio n'est pas la chrétienté.

SHYLOCK

En ce cas pourquoi Shylock serait-il le peuple hébreu ? Pourquoi ? Richard III massacre toute sa famille : on accuse Richard, non pas sa race ou sa religion. Puis on finit par passer l'éponge, au nom de la charité chrétienne. Mais quand un Juif a le malheur de manquer à l'éthique ou à vos lois morales, il devient le sale Juif qui expose toute sa race à votre impitoyable vengeance. Y aurait-il deux poids dans votre justice ? Serions-nous jugés à la longueur de nos barbes ou à la courbe de nos nez ? (*Il indique Shakespeare.*) Cet homme-là m'a fait porter les péchés de tous parce que j'étais juif.

JULIETTE

Mais vous reconnaissez avoir été cruel et bête.

SHYLOCK

Pas plus bête que votre maman, mademoiselle, pas plus cruel que votre père. Mais j'étais juif !... Un Juif n'a donc pas d'yeux pour voir, d'organes, de mains, de sens, de sentiments ? N'est-il pas nourri des mêmes aliments, blessé par les mêmes armes, sujet aux mêmes maladies, guéri par les mêmes médicaments, réchauffé ou refroidi par les mêmes étés ou les mêmes hivers qu'un chrétien ?

NOUNOU

Il a raison.

SHYLOCK

Si vous nous blessez, ne saignons-nous pas ? Si vous nous chatouillez, ne rions-nous pas ? Si vous nous empoisonnez, n'allons-nous pas mourir ?

NOUNOU

Si fait !

SHYLOCK

Et si vous nous faites du tort, pourquoi n'irions-nous pas nous venger ?

NOUNOU

Ah ! ça... je sais pas.

SHYLOCK

Je mettrai en pratique les cruelles leçons que vous m'avez enseignées, jusqu'à dépasser mon maître.

Il sort un poignard et se jette sur Shakespeare, prêt à lui trancher la gorge.

NOUNOU

Arrêtez-le ! arrêtez-le !

Hamlet et Falstaff le retiennent. Lear vient se placer entre Shakespeare et Shylock. Puis Shakespeare, revenu de sa frayeur, rit jaune.

SHAKESPEARE

Bravo, Shylock ! j'ai toutes les raisons d'être fier de vous... et de moi.

SHYLOCK

Fier de vous ?

SHAKESPEARE

Hé oui ! brave Juif. Vous venez de prononcer le plus beau discours de toute mon œuvre. Dans la bouche d'aucun autre n'ai-je mis paroles plus sublimes. C'est à vous que j'ai confié l'éloquent plaidoyer à la défense de tout un peuple, et vous vous plaignez de moi ?

SHYLOCK

Vous m'avez bafoué, rabaissé, humilié...

LADY MACBETH

... pour vous donner la chance de vous racheter en vous offrant sur un plateau d'argent sans doute la plus émouvante tirade de toute la littérature. Ne vous plaignez pas de Shakespeare, Shylock, car malgré les apparences, vous vous en tirez mieux que la plupart d'entre nous. Je voudrais avoir dit : « Si vous nous blessez, ne saignerons-nous pas ?... Si vous nous empoisonnez, n'allons-nous pas mourir ? » Ah ! quel accent j'aurais mis dans ces vers-là !

SHYLOCK

J'eusse préféré avoir mon dû que de glorifier par ma bouche un scribe qui méprisait ma race.

HAMLET

Vous avez tort. Car en glorifiant l'auteur, c'est à vous-même que vous rendez gloire.

SHYLOCK

Shakespeare l'antisémite.

MÉGÈRE

Comme le misogyne. Mais au Juif au moins il a fourni l'occasion de se défendre. Pas à la Mégère.

FALSTAFF

Il a fait mieux : il l'a apprivoisée.

MÉGÈRE

Agh !... le mot apprivoisé me fera éternellement grincer des dents. J'étais mégère, si fait, je l'admets, je m'en fais gloire. Car une mégère est une créature vivante, débordante, passionnée, indépendante. Je n'ai jamais envié les Juliette qui bavent devant le premier homme qui les courtise. Ni les Desdémone béates et dociles et qui méritent bien le sort que leur réserve leur Othello. Ce n'est pas moi, la Mégère, qu'on eût étouffée sous un oreiller.

LADY MACBETH

Pas étouffée, mais réduite à baiser les pantoufles de son homme et à lui lécher les mains. Et cela en moins d'un mois de vie conjugale.

MÉGÈRE

Voilà ! voilà mon plus grand grief à Shakespeare. Moi seule ai vraiment sujet de me plaindre de lui. Vous vous êtes lamentés, tous, sur un manque ou un excès de vous-mêmes.

Elle passe devant chacun et lui parle dans la face.

Lady Macbeth n'a pas reçu le pouvoir qu'elle convoitait ; Falstaff fut mal récompensé de ses loyaux services ; Juliette, la mignonne, pleure Roméo ; Hamlet pleure le Hamlet qu'il aurait dû être si l'univers avait été à sa mesure ; Shylock se plaint d'être juif et pourtant nous reproche tous de n'en être pas... Bouillie pour les chats !

Elle déchire sa cagoule.

Mais regardez-moi, la Mégère ! Qu'a fait de moi votre génial dramaturge ? Il a tenté, lui l'auteur — pas mon homme, oh non ! celui-là j'en aurais fait une bouchée —

mais William Shakespeare, qui ne montre plus que la tête et les mains, l'amputé, celui-là a tenté de m'apprivoiser.

SHYLOCK

Et a réussi.

MÉGÈRE

Non. Il n'a pas réussi.. Avec vous, le bel esprit a pu se montrer cruel, sarcastique, méprisant ; avec moi, il s'est révélé un piètre auteur. Car en apprivoisant la Mégère, il a raté sa pièce.

Shakespeare réagit vivement.

Ah ! je crois que j'ai frappé dans le mille. Voyez comme le sang a quitté sa figure.

NOUNOU

Que dit la Mégère ?

MÉGÈRE

Elle dit qu'elle n'est pas un très bel exemple de son prétendu génie. S'il avait fait avec elle comme avec vous, Falstaff, Hamlet, ou Lear, s'il avait donné à la Mégère ses coudées franches et l'avait laissée vivre jusqu'au bout son personnage, vous pensez qu'elle se serait laissé apprivoiser, domestiquer, réduire à l'état de paillasson de son homme ? Vous croyez ça, vous ?

SHYLOCK

La femme doit être soumise à son mari ; c'est écrit sur les tablettes de Moïse.

LADY MACBETH

Moïse les a brisées, ses tablettes.

MÉGÈRE

Ainsi parla Moïse et démontra le dramaturge. Et moi je lui servis de syllogisme.

La Mégère est une femme,
Or la femme doit être apprivoisée,
Donc apprivoisons la Mégère.

QUOD ERAT DEMONSTRANDUM.

Voilà le sophisme qui sortit de sa plume. Une pièce à thèse où je jouai l'argument. Mais dans cet exposé, que reste-t-il de moi ? Une argutie ? une dissertation ? un plaidoyer pour la suprématie du mâle ? Bullshit !

JULIETTE

Oh !

MÉGÈRE

Je sais, Juliette, ce mot ne se trouve pas sur la langue châtiée de ce grand styliste. Mais il y serait si j'avais parlé librement. S'il m'avait achevée telle que j'étais partie, j'aurais pu devenir l'un de ses plus merveilleux personnages.

HAMLET

Vous !

NOUNOU

On aura tout entendu !

MÉGÈRE

Eh bien oui, moi ! parce que moi j'avais du sang dans les veines et non pas du petit-lait ; j'avais du cœur au ventre, de la moelle dans les os, de l'adrénaline au lieu de vapeurs au cerveau. Mais je fus du poète la suprême distraction. Quand il s'est rendu compte qu'il avait créé une femme si forte, si libre, si indépendante, l'homme en lui a tremblé pour sa suprématie. Je risquais de bouleverser l'ordre des choses. Et pour me couler dans sa vision misogyne du monde, il m'a pliée en quatre et m'a rompu l'échine. Puis il m'a mis en bouche, à moi qui fus douée d'un si splendide franc-parler, le discours le plus plat, insipide et moralisateur de la littérature universelle. Écoutez ça :

« Ton homme est ton seigneur, ta vie,
[ton gardien,
Ton cerveau, ton souverain qui prend
[ta cause à cœur...
Ton amour, ta beauté et ton obéis-
[sance
Seront de ses bontés toute la
[récompense
Donc couvre ta poitrine du voile de la
[pudeur,
Et pose tes mains en dessous des
[bottes de ton seigneur. »

Eurk ! j'ai envie de vomir.

SHAKESPEARE, *désespéré*

Pas autant que moi.

MÉGÈRE

Ah ! le cri du cœur, enfin !

Chant des autres en sourdine.

Vous avez entendu ? William Shakespeare a exprimé un doute. Il a eu, l'espace d'un souffle au cœur, le dégoût de lui-même.

Elle approche son visage de celui de Shakespeare à le toucher.

Ces grands yeux hagards qui ont plané sur les terres et les océans nous voient enfin. Ces oreilles à l'écoute du chant cosmique des astres distinguent nos voix. Ce nez qui s'est tant de fois fourré dans les affaires du royaume sent la haine amère qui nous imprègne la peau.

101

SHAKESPEARE, *abattu*

Je sens, j'entends, je vois... et j'ai le cœur en lambeaux.

MÉGÈRE, *sceptique et perplexe*

Toi, Shakespeare ?

SHAKESPEARE

Moi, William. Si un seul de mes personnages s'insurge contre moi... si une seule Juliette crie après l'amour, un seul Shylock après la justice, un seul Hamlet après une raison d'être, une seule Mégère après la liberté... que m'importe la splendeur d'un songe d'une nuit d'été ?

Les autres s'approchent en chantant et libèrent Shakespeare de son pilori. En se frottant le cou et les poignets, il vient se placer face à la Mégère. Les autres font cercle.

MÉGÈRE

Ainsi le créateur demande pardon à ses créatures d'en avoir fait des monstres !

Lear vient se ranger du côté de Shakespeare.

LEAR

Des monstres. Excès de la nature. Verrues sur le cerveau d'un génie.

MÉGÈRE

Vous divaguez, Lear.

LEAR

Je divague. Qui peut empêcher ma raison de s'enfuir par les fentes de ce coffre fêlé ? Mais ma folie est limpide comme un lac sans fond. Un homme n'a pas besoin de ses yeux pour voir ; il voit par les pores de sa peau. Apprenez cela de moi, ma fille : procurez-vous des yeux de verre, et regardez le monde, à l'envers de vous. Vous voyez bien que ce jeune homme (*Il indique Hamlet.*) est plus grand que nature ; qui le nierait ? Et cette petite (*Il indique Juliette.*), dans sa candeur innocente, est démesurée. Tous vous êtes immenses, monstrueux, inachevés, mais beaux, tels des soleils de minuit.

MÉGÈRE

Vous-même, Roi Lear ?

LEAR

La splendeur de l'horrible. Le plus maudit de tous les rois maudits.

SHAKESPEARE

Non, mon roi, mon père, mon plus grand rêve, non !

LEAR

Si, un ange déchu.

SHAKESPEARE

J'avais épuisé avec les autres tous les nobles sentiments, les gestes épiques, les passions démesurées, le discours existentiel. Il ne me restait plus que le sublime de la chute, du dépouillement absolu.

LADY MACBETH

Et pour satisfaire votre caprice d'auteur, vous avez jeté par terre un un roi ?

SHAKESPEARE

Pas moi, lui-même. Je ne sais plus... lui... moi... Chacun de vous fut un morceau de mon âme, mais détaché et enfui. Je ne vous contrôlais plus. Comment aurais-je pu vous parfaire, vous compléter, alors que chacun est né pour donner la réponse à un autre ? Mais le personnage nouveau qui naissait de la question, au lieu de répondre, posait une question nouvelle. Cercle infini et vicieux. Lutte épuisante...

LEAR

... inutile et perdue d'avance. Il faut avoir longtemps vécu, comme Lear, vécu mille ans par année, pour savoir que la vie est plus sournoise que le temps, qu'elle glisse entre les doigts de celui qui l'agrippe et croit la tenir. Le vieux roi sait cela qui a tenu un royaume, et qui l'a vu, avant de mourir, couler comme du miel entre ses phalanges. Regardez. Regardez ces mains tremblantes et fanées. Qui le croirait ? Elles ont serré un sceptre et porté le globe. Un globe gonflé d'air comme un ballon.

Shakespeare enchaîne en contemplant ses propres mains.

SHAKESPEARE

Des mains trop étroites pour un rêve infini. Un rêve qui n'était pas le mien, mais celui qu'avaient engendré les dieux au fond de mes reins. Je n'étais pas le maître. J'accouchais de l'œuvre de quelque maléfique génie. Je ne connaissais pas d'avance le visage de mon enfant. Parfois, dans mon impatience, ou pressé par les circonstances et les exigences du métier, je le mettais au monde avant terme.

MÉGÈRE

Un avorton !

SHAKESPEARE

Non... mais un être incomplet, inachevé, inassouvi. Vous avez tous raison de vous plaindre de moi. Au fond, vous n'êtes pas tellement réussis. Je crains de vous avoir ratés.

JULIETTE

Que dit le Maître ?

LADY MACBETH

Je crois qu'il se plaint de nous. Pourtant, même si je ne fus point dotée du sexe qui convenait à ma nature, je refuse qu'on me traite de ratée.

SHYLOCK

Je n'ai pas reçu mon dû : là-dessus je ne cède pas. Mais je reste un Juif honnête, ingénieux et obstiné. Et je défie quiconque d'être plus juif que moi.

FALSTAFF

Le Falstaff, malgré tout, le plus falstaffien qui soit.

LADY MACBETH

Nous ne sommes pas contents, mais nous ne sommes pas des monstres.

SHAKESPEARE

Si, des monstres : des créatures abandonnées à elles-mêmes et qui ont mal fini.

HAMLET

Je ne pouvais et ne devais finir autrement. Hamlet est mort comme il a vécu.

MÉGÈRE

Libérez-moi seulement de mes chaînes et vous verrez ce dont est capable la Mégère que vous traitez d'avorton.

SHAKESPEARE

La Mégère est de toutes mes œuvres la plus à plaindre. Je n'ai même pas réussi son apprivoisement. Elle a plié la nuque, baissé le front, fermé son caquet, mais son âme n'a pas cédé. Chaque mot que je lui ai mis en bouche, à mon insu je l'ai gonflé d'un cri. J'entends vos cris à tous qui résonnent encore après quatre siècles, et je suis confondu.

NOUNOU

Le pauvre homme ! Ce qu'il a dû déshonorer son père et sa mère pour en arriver là !

Shakespeare aperçoit son buste qui lui fait face.

SHAKESPEARE

Shakespeare ! Shakespeare le grand, le génial, l'immortel. La gloire des lettres, l'honneur de l'Angleterre ! Tu as grande allure avec ton front qui chatouille les étoiles et ton œil qui plane sur l'horizon de la postérité. Cause toujours avec les dieux, et continue de contempler le vaste monde à tes pieds. Cette pose sied fort bien à ton buste. Buste de marbre blanc veiné bleu et pourpre. Moi, ton double, ton vrai moi, le moi sans qui tu n'es que pierre dure, muette et froide. Je suis de nous deux celui qui sait, qui sent, qui souffre. Je suis celui qui a douté de ce monde qui n'est peut-être après tout qu'un point noir dans un firmament argenté, un cri dans un infini silence. Le silence. Un Songe. Et si la vie n'était que la toile de fond d'un songe ? Quelle différence entre mes personnages et moi, si moi-même je ne suis que le héros d'un plus grand dramaturge ? On m'a fait, comme j'ai fait les autres : la Mégère, Shylock, Lady Macbeth, ceux-là mêmes qui m'ont réduit à ça. Et je ne me suis pas défendu. Peut-être ne fallait-il pas, en plus de la vie, les doter de la faculté de rêver ?

LEAR

Rends-moi ma raison, mon fils, mon fou, mon créateur, rends-moi le temps qui m'a emporté dans son infernal tourbillon. Je ne déshonorerai pas deux fois ces cheveux blancs. J'apprendrai à me méfier des flatteries des perfides et à reconnaître la vérité des cœurs purs. Donne-moi seulement une autre chance, ô Dieu ! Une dernière chance pour refaire la carte de mon royaume, pour distinguer à l'œil le bien du mal, les bons des méchants. Rends-moi seulement ma raison, mon innocence, ma jeunesse, ma vie.

TOUS

Rends-nous la vie, Maître.

MÉGÈRE

Rends-moi la liberté.

SHYLOCK

Ma fortune, mon honneur, ma fille.

LADY MACBETH

Le pouvoir royal qui me revient.

HAMLET

Réponds à mes questions.

JULIETTE

Rends-moi Roméo.

TOUS

Une autre chance !

FALSTAFF

Et que ça dure !

NOUNOU

Mais lâchez-le à la fin. Qu'est-ce que vous voulez du pauvre homme ?

SHAKESPEARE

Ce qu'ils veulent ? C'est l'éternel recommencement. Une nouvelle chance, une autre vie...

NOUNOU

Une autre vie ? Mais est-ce que vous n'avez pas déjà assez d'une vie ? Une bonne vie qui regorge de légumes et de fruits, de beaux enfants joufflus et roses qui font des bulles sur vos joues, de voisines et commères qui se crient des potins à la tombée de la nuit, d'amoureux en transe qui viennent pincer les cordes de leurs mandolines sous les balcons...

SHAKESPEARE

Non, Nounou, tout cela ne suffit pas. Un jour les fruits pourrissent, les enfants grandissent, les voisines tombent en décrépitude et les amants changent de maîtresse. Il faudrait mille vies.

NOUNOU

Mille vies ! Déjà qu'une seule est si lourde. On pioche du matin au soir pour des maîtres qui passent sans même jeter un œil sur vos épaules courbées ; on s'échine pour des enfants qui quittent la maison sans adieux ; on grignote des restes de table de la veille et de l'avant-veille ; on se désâme à faire entendre raison à sa commère qui...

SHAKESPEARE, *amusé*

Les hommes ne savent pas ce qu'ils veulent.

NOUNOU

À qui le dites-vous ! Et pis tant pis ! La Terre tournera toujours, si c'est vrai ce qu'on raconte, qu'elle tourne !... Je crois bien que je ne peux rien faire contre ça, et rien faire d'autre pour vous. Mais je peux quand même vous dire ceci, à vous qui m'avez pas l'air de trop réfléchir à ces choses-là : la vie est courte, le temps n'épargne personne, le monde s'use durant notre sommeil ; tâchez d'en profiter un peu plusse, vous avez de trop grosses poches sous les yeux. Eh bien ! je rentre. Viens-t'en avant que le serein tombe, Juliette, mon agneau. Les nuits sont fraîches en cette saison... Quelle saison sommes-nous déjà ?... Le temps ! il n'en finit pas de faire des siennes, le chenapan. Faudrait bien un jour l'amarrer.

SHAKESPEARE

Elle a raison. Il faudrait amarrer le temps au mât de la planète.

Il s'adresse au public, mais cette fois en prenant ses personnages à témoin.

J'ai voulu savoir. Je sais. Je sais que je n'en finirai jamais de chercher à savoir. Le rideau tombe sur un monde à peine ébauché. À quoi bon tenter d'atteindre l'inaccessible ? Quand je vivrais une éternité d'éternités, le Temps ne cesserait de me couler entre les doigts. Je ne parviendrais pas à vous satisfaire ni à parachever mon œuvre. Que me donneraient mille personnages de plus ?

MÉGÈRE

Pas un de plus. Suffit comme ça. À nous tous, nous valons bien un monde.

FALSTAFF

Que tous ceux qui se croient Falstaff se présentent devant moi.

HAMLET

Je défie vos petits Hamlet de venir m'en montrer en hamletisme.

LADY MACBETH

Vous iriez créer une autre reine d'Écosse qui paierait de son sommeil les ambitions d'un autre, régicide par amour, plus forte que son homme, souveraine de son roi ?

SHYLOCK

Vous esquisseriez un autre Juif plus juif que moi ? un Shylock qui viendrait bredouiller, bégayer ma tirade : « Si vous nous blessez, ne saignons-nous pas ? Si vous nous chatouillez, ne rions-nous pas ? Si vous nous empoisonnez, n'allons-nous pas mourir ? » Ah ! trouvez-moi un autre Shylock pour inventer ça !

LEAR

Un roi plus grandiose et plus désespéré que Lear !

JULIETTE

Roméo n'aura jamais d'autre Juliette que celle-ci qui s'est donné la mort par amour pour lui. Prenez bien garde...

NOUNOU

Juliette ! Qui te parle de mourir ? À ton âge, si jeune et jolie, avec un si bel avenir ! Le serein tombe, mignonne. Tu ne vois donc pas le temps passer ?

SHAKESPEARE

Non, bonne femme, elle ne voit pas le Temps qui passe. Aucun de vous ne le verra jamais. Jamais le Temps n'existera pour vous. Vous êtes immortels.

NOUNOU

Ah bon ! nous voilà encore avec du boulot sur les bras. Et vous ?

SHAKESPEARE

Moi ?... je suis peut-être, qui sait ? le personnage inachevé de quelque obscur dramaturge. À mon tour donc de tirer sur mes chaînes, crier justice, appeler l'amour, bâtir un royaume, manger et boire, rêver... rêver d'éternité. Et m'accorder aussi le droit de maudire.

TOUS

Maudire ?

SHAKESPEARE

Maudire Celui qui m'a fait si petit dans un rêve si grand !

MÉGÈRE

William Shakespeare, notre auteur, notre maître, est aussi la créature de quelqu'un. Il est aussi dépourvu, ébauché, enchaîné, tronqué, rogné, esquissé que nous. (Elle change de ton.) La vie est mal faite.

SHAKESPEARE

Non, point mal faite. Pas finie.

TOUS

Pas finie ? La pièce n'est pas finie ?

Chacun retrouve son rôle du début et récite pour lui-même.

LEAR

Aussi longtemps que l'on peut dire : « Voici le pire »,
Le pire n'est pas encore.

HAMLET

Être ou n'être pas, la question est là.
Est-il plus digne et noble pour l'esprit de souffrir...

LADY MACBETH

Est-ce que les vastes océans du grand Neptune
Ne viendront pas laver ce sang qui souille mes mains ?
OUT, OUT, DAMNED SPOT !

SHYLOCK

Trois mille ducats pour trois mois !

JULIETTE

Roméo, Roméo !
Qu'y a-t-il dans un nom ? ce que nous appelons rose,
Même sous un autre nom sentirait aussi bon.

NOUNOU

Alors vite, mon petit, rends-toi chez frère Laurent.
Y a là un mari qui veut te prendre pour femme.

MÉGÈRE

Si je suis une guêpe, prenez garde à mon dard.

FALSTAFF

Cette chaise sera mon trône, cette dague mon sceptre,
Et ce traversin ma couronne.

SHAKESPEARE

L'univers est une scène où chacun joue son rôle.

On retrouve sa position du début. Shakespeare se tourne vers la coulisse et crie :

Rideau !

Il remet son masque de clown et salue profondément, pendant que le rideau tombe.